Kleine Gärten voller Phantasie

Gisela Keil / Jürgen Becker

KLEINE GÄRTEN VOLLER PHANTASIE

Raffiniert gestalten und stimmungsvoll bepflanzen

DVA

Inhalt

Den richtigen Stil wählen

Ein frei gestalteter romantischer Landhausgarten

Der kluge Rat »Weniger ist oft mehr« gilt in ganz besonderem Maß für kleine Gärten. Während Besitzer größerer Areale diese in stilistisch verschiedene Bereiche unterteilen können, sollte ein kleiner Garten aus einem Guss sein. Der erste Schritt vor jeder Planung verlangt deshalb, eine klare Vorentscheidung zu treffen, welchen Stil – und damit auch welche Atmosphäre – man bevorzugt. Der frei gestaltete kleine Garten von Trix Boterman im Norden der Niederlande spiegelt nicht nur ihre Liebe zu Blumen wider, sondern passt ihn auch malerisch in die stimmungsvolle ländliche Atmosphäre des Umfelds ein.

Inspiriert vom Charme englischer Cottage-Gärten

Der Zauber vergangener Zeiten ruht auf nostalgischen Schmuckelementen aus frostfestem Steinguss. Unterm Laub im tanzenden Spiel von Licht und Schatten wirken sie wie beseelt und erwecken dunkle, abgelegene Ecken aus einem unbedeutsamen Schattendasein.

Harmonische Einbindung ins Umfeld

Als Trix Boterman vor über 16 Jahren begann, das kleine Grundstück am neuen Heim in einen blühenden Garten zu verwandeln, lag ihr ein ehemaliger Zwiebelacker zu Füßen, der alle Möglichkeiten der Gestaltung noch offen hielt. Nach einem dreijährigen Aufenthalt in England stand ihr Plan jedoch fest: Vom Vorbild der Cottage-Gärten mit ihrer vielfältigen, üppigen Blumenpracht wollte sie sich leiten lassen. Diesem Vorhaben kam die Lage des Grundstücks entgegen: Eingebettet in eine flache Weidelandschaft ist der Garten von pastoraler Weite und einem beruhigenden grünen Rahmen umgeben, vor dem er sich wie eine farbenfrohe Blumeninsel erfrischend abhebt. Gleichzeitig aber fügt er sich durch seine freie Gestaltung und die ungezwungene Anordnung der Beete und Gehölze harmonisch in das ländliche Umfeld ein. Die Grenzen zwischen Garten und Umgebung sind keineswegs einheitlich. So ist der Garten mal umgeben von Rosensträuchern, mal von einer kleinen verwitterten Ziegelmauer und an anderer Stelle von einer Hecke, die jedoch nur etwa Brusthöhe erreicht, um für das Auge die idyllische Umgebung nicht auszugrenzen. Auf diese Weise ist es Trix Boterman geschickt gelungen, die beruhigende Kulisse mit dem Garten zu verknüpfen und ihm durch Ausblicke optisch Weite zu verleihen. Ganz sicher ist es ein Glücksfall, wenn sich die Gartenwünsche der Besitzer auf so harmonische Weise in die Umgebung integrieren lassen. So wurde der frei gestaltete Garten von Familie Boterman zu einem blumig verdichteten Höhepunkt innerhalb der bäuerlichen Landschaft.

Laissez-faire und Pflanzenvielfalt

Anfangs war die Gartenbesitzerin primär auf Farbgestaltung bedacht. Sie plante Pflanzenkombinationen in unterschiedlichen Gartenteilen, in denen jeweils blaue, gelbe oder rosa Stauden den Ton angaben.

Tipp: Romantische Farben

Kombinieren Sie auf kleinem Raum möglichst nur zwei Volltonfarben, um kontrastive Unruhe zu vermeiden. Je aufgehellter die Farbtöne jedoch sind, desto besser harmonieren auch mehrere Farben miteinander.

Nicht immer aber gedieh das, was die Herrin des grünen Reiches ausgeklügelt oder von Reisen mit nach Hause gebracht hatte. Trix Boterman begriff schnell, dass Gartengestaltung auch ständiges Lernen und Anpassungsbereitschaft bedeutet. Deshalb ging sie allmählich dazu über, jene Pflanzen zu bevorzugen, die sich im Garten gut entwickelten und lockerte damit auch ihr festes Farbschema. Fingerhut und Muskatellersalbei dürfen sich frei versamen, Wollziest und Glockenblumen werden nur eingedämmt, wenn sie sich gegenseitig bedrängen. So erblühte ein verwunschenes Blumenreich, in dem Rosen, Klettergehölze und Pflanzen in Gefäßen auch Stellen überziehen, wo für Beete kein Platz mehr wäre.

Stimmungsvolle Accessoires

Neben den Pflanzen erhält der kleine Garten jedoch auch eine verspielte romantische Note durch Schmuckelemente, die als Blickfang und Stimmungsträger eingesetzt werden. Viele davon brachte die Hausherrin aus England mit. Ihr Faible für die arabeskenhafte Verbindung von Kunst und Natur, von Accessoire und Pflanze wird überall im Garten sichtbar. Trix Boterman achtet stilvoll darauf, dass nirgends im kleinem Reich eine Überfrachtung mit Gartenschmuck stattfindet. Sie arrangiert die Ornamente geschickt, um den Blick mal nach oben, mal nach unten zu lenken – wohl wissend, dass durch ihre Ausstrahlung der Garten an Atmosphäre und Fluidum gewinnt.

Haus und Terrasse sind romantisch mit der Natur verwoben. Während im Hintergrund die Kletterrose ›New Dawn‹ und die Strauchrose ›Alba Meidiland‹ die Fassade in ein Blütenmeer tauchen, ermöglicht das Mäuerchen rund um die Terrasse einen zusätzlichen Blätter- und Blütenreigen von Efeu und Blumen in Gefäßen.

Oben: *Sitzen in malerischer Geborgenheit ermöglichen die breitbuschige Strauchrose ›Smarty‹ und die reizende Balkan-Glockenblume* (Campanula poscharskyana), *die sich über die Mauerkrone ergießt.*
Unten: *Den Schattenplatz belebt ein Feuerwerk von Fleißigen Lieschen und Petunien, die die Jardiniere aus viktorianischem Wirework in Augenhöhe präsentiert.*

Romantische Pflanzenverwendung

Neben Stauden bevorzugt Trix Boterman Rosen und Klettergehölze wie Efeu, Wilden Wein und Kletterrosen. Sie alle ermöglichen ihr, das Konzept eines romantischen Gartens zu vervollkommnen. Während Strauchrosen mit ihrem lockeren oder überhängenden Wuchs für gefällige Anmut sorgen, suggerieren wuchernde Kletterpflanzen eine verwunschene Dornröschenwelt, als wollten sie alle baulichen Einrichtungen, aber auch Bäume mit ungestümer Kraft überziehen. Verwischen der Grenzen und Überspielen der Kanten ist sozusagen das genetische Prinzip der Kletterer, das sie für stimmungsvolle Gestaltungen prädestiniert. Für kleine Gärten sind sie grundsätzlich ein wichtiges Gestaltungsmittel, weil sie sich bei geringem Flächenbedarf üppig in der Vertikalen entfalten.

Sitzplätze als Blickfang

In frei gestalteten kleinen Gärten findet sich oft inmitten des Gartenraums kein Platz für einen Zweitsitzplatz. Was bleibt, sind die meist vernachlässigten Grenzen und Ecken. Auch Trix Boterman nutzt sie für kleine abgeschiedene Sitzplätze zum Auftanken und Rekreieren, aber auch, um der Natur besonders nahe zu sein. Gleichzeitig verleiht sie ihnen durch Pflanzen und dekorative Accessoires einen besonders malerischen Ausdruck, der den Miniaturbereich zu einem lauschigen Domizil mit Genussqualitäten aufwertet.

Wege als Strukturelemente

Damit sich ihr Blumengarten nicht in unstrukturierten Blütenwolken verliert, nutzt die Gärtnerin Wege als gliedernde Zäsuren. Um diese Funktion zu erfüllen, verläuft die Wegführung auch nicht wie in frei gestalteten Gärten meist üblich in geschwungener Form, sondern kerzengerade. Neben der Aufgabe, die bunt gemischte Bepflanzung der Beete zu gliedern, dienen die Wege auch dazu, die Sitzplätze gradlinig und rechtwinklig mit dem Haus zu verbinden. Um diese Strenge zu mildern, verzichtet die Gärtnerin jedoch auf Betonen der Wegkanten durch Einfassungen, vielmehr dürfen die Randpflanzen nahezu ungezügelt in die Wege hineinschwingen.

Geschickt wurde auch Kies als Wegbelag gewählt. Er ermöglicht, dass Regenwasser versickert, wirkt natürlich und lebendig und bildet dennoch einen ruhigen Rahmen für die verschwenderische Farbenpracht der Blumen. Das Prinzip Konturen zu verwischen, wiederholt Trix Boterman auch mit Balkonblumen in Gefäßen, die Mauerkanten und die Terrassengrenze mit anmutigem Charme überwallen.

Mehr Pflanzen durch Höhendifferenzen

Halbhohe oder niedrige Mauern innerhalb kleiner Gärten ermöglichen wie Modulierungen des Geländes (Mulden oder Anböschungen) mehr Pflanzen unterzubringen und gestalten kleine Flächen interessanter.

Gerade Wege benötigen ein Ziel oder einen Fluchtpunkt, auf den sie ausgerichtet sind. Hier kaschieren die Blütenwolken des Frauenmantels (Alchemilla mollis) *und silberner Wollziest* (Stachys byzantina) *den strengen Wegverlauf, der auf eine Steinguss-Vase aus England ausgerichtet ist.*

Ein sanft geschwungener Pfad zwischen Staudenrabatten, dessen Ende nicht einsehbar ist, und eine gestaffelte Bepflanzung, die nicht steil ansteigt, erwecken den Eindruck von Weite.

Weitere Ideen für kleine frei gestaltete Gärten

Mit der Entscheidung für einen Gartenstil fällt man auch immer eine Entscheidung über Atmosphäre und Stimmung im Garten. Wer zu einer freien Gestaltung tendiert, kann sich damit ein Paradies schaffen, das erfüllt ist von Bewegung: den weich fließenden Rhythmen von Wegen und Beeten mit ihrer ungezwungenen Bepflanzung ebenso wie von der Dynamik der Jahreszeiten mit ihrem Werden und Vergehen. Ob die Realisation dann eher romantisch, ländlich, naturhaft oder elegant ausfällt, sollte von der Umgebung mit abhängen, mit der ein kleiner Garten ja ständig Zwiesprache hält, wenn man ihn nicht zu einer abgeschlossenen Enklave macht. So passt ein ländliches oder naturnahes Gärtchen besser in ein dörfliches Umfeld oder in Ortsrandlage, während sich ein elegantes oder romantisches Design auch in Reihenhaussiedlungen oder Stadtbereichen gut einfügt. Darüber hinaus sollte der Stil immer auch mit dem naheliegenden Haus korrespondieren.

Kennzeichen frei gestalteter Gärten

- ▷ Die Struktur des Gartens setzt auf Unregelmäßigkeit, Bewegung und organische Formen.
- ▷ Beete und Wege haben fließende Konturen.
- ▷ Die vielfältige Bepflanzung zielt auf eine ästhetische Gestaltung mit Farben und Formen in idealisierter Natürlichkeit.

Oben: *Was wie zufällig wirkt, ist geschickt geplant. In dieser reizenden Gartensituation wurde das für kleine Gärten bewährte Prinzip des »Doppelns« verwirklicht. In die organisch wirkende, eingebuchtete Kontur des Beetes fügt sich die Vogeltränke als Blickfang harmonisch ein. So gehen auf kleinstem Raum Rhythmisierung und Akzentsetzung Hand in Hand.*

Unten: *Frei gestaltete kleine Gärten bieten stilistisch auch ideale Möglichkeiten für »gedoppelte« Bepflanzungen. Kahler oder verunkrauteter Boden vor oder unter Gehölzen muss nicht sein. An dieser Stelle können Bodendecker mit Blüten- und Blattschmuck den Garten idyllisch bereichern, wie dies die robusten Bergenien* (Bergenia-*Hybride ›Silberlicht‹) und die Farnherzblumen* (Dicentra eximea) *beweisen.*

Rahmen und Einbindung

Drei Anliegen sind es wohl, die Minigärtner bei der Randgestaltung ihres Reiches bewegen: ein Sichtschutz, der gefällig ist, wenig Platz verschlingt und keine Schatten wirft. Natürlich leistet auch in einem frei gestalteten Garten eine Schnitthecke gute Dienste. Wird jedoch ein kleiner Garten rundum von einer solchen Hecke mannshoch eingerahmt, bildet sich leicht ein klaustrophobisches Schachtelgefühl – und der Garten erscheint noch kleiner. Eine variable Randgestaltung korrespondiert hingegen mit einer legeren Gartengestaltung viel besser. Mit Kletterpflanzen berankte Zäune, Rankwände oder Pergolen benötigen nur eine Breite von 30 Zentimeter und können zielgenau dort installiert werden, wo direkter Sichtschutz nötig ist. Kombiniert man sie mit immergrünen Gehölzen, die auch im Winter blickdicht sind, und Ziersträuchern, die mit Blüten und Herbstfärbung in zwei Jahreszeiten brillieren, entsteht ein abwechslungsreicher Gartensaum, in dessen Laub das Licht spielen kann und mit dessen entlaubten Wuchsformen sogar der Winter malerische Märchenwelten inszeniert.

Selbst kleinste Reihenhausgärten haben oft einen Ausblick auf einen entfernt stehenden Baum, eine begrünte Fassade oder ein besonders attraktives Haus. Eine solche Umgebung sollte man nicht ausgrenzen, sondern mit Hecken-Durchblicken oder Sichtschutz-Aussparungen in den Erlebnisraum des Gartens integrieren. So erscheint er luftiger und größer.

Innenstrukturierung

Kleine Flächen erscheinen größer, wenn sie erlebnisreich sind. Dabei geht es nicht darum, möglichst viele Elemente im Garten unterzubringen, sondern mit einer ebenso wohl überlegten wie wohl proportionierten Untergliederung und wenigen Akzenten allen Sinnen Anreize zu bieten. Denn ist ein Garten auf einen Blick zu überschauen, finden Neugier und Entdeckerfreude wenig Anhaltspunkte.

- Horizontale Gliederung: Wer Beete oder einen Teich wünscht, sollte sich als gliedernden Rahmen oder Fond für Rasen oder Wege entscheiden. Für beides zusammen ist in winzigen Gärten selten Platz. Zu bedenken ist, dass das wohltuende Grün des Rasens regelmäßiger Pflege bedarf und in Minigärten, die nur durch das Haus über einen Zugang verfügen, der Rasenschnitt stets durch den Wohnbereich entsorgt werden muss. Obendrein wird Platz für Rasendünger, Mäher, Trimmer und Kantenschneider benötigt.
- Vertikale Gliederung. Das Zauberwort hierfür heißt Raumteiler. Höhenelemente wie berankte Spaliere, Pergolen, Rosenbögen, Obelisken, Lauben, aber auch höhere Pflanzen wie Kleinbäume, Ziersträucher, hohe Gräser oder Stauden können im Garten rhythmisch versetzt den Blick lenken oder vor der Terrasse gleichzeitig Sichtschutz gewähren. Schmale Handtuchgärten hingegen wird man durch seitlich eingeschobene Raumteiler in abwechslungsreiche Separees untergliedern.

Oben: *Ein kurvig-geschwungener Rasenweg verlängert den Zugang zum Sitzplatz und macht bis dahin viel Garten erlebbar. Während im linken, pyramidal gestalteten Beet ein Geißbart* (Aruncus dioicus) *hinter einem Meer von weißen Glockenblumen* (Campanula persicifolia) *dominiert, lockern im rechten Beet Zierkirsche und Meerkohl* (Crambe cordifolia) *anmutig die Strenge der Hecke auf. Die monochrome Bepflanzung in Weiß, an die sich auch die weiße Sitzbank anpasst, übt sich tagsüber in feinsinniger Zurückhaltung. In der Dämmerung jedoch beginnt sie magisch zu erstrahlen.*

Unten: *Kein Rasen – kein Mähen. Pflegeleichter sind gepflasterte Wege und Sitzplätze. Hier wird ein kunstvolles Bodenmosaik zum dauerhaften Blickfang und Weggefährten heiter bunter Blumenbeete.*

Ein moderner formaler Reihenhausgarten

Eine immergrüne Oase voller Harmonie eröffnet sich im länglichen Reihenhausgarten von Familie Raemakers. Kaum zu glauben, dass diese Fläche, von der Schnitthecken und begrünte Sichtschutzwände längs und quer kleine Gartenkabinette abtrennen, dadurch an Vielfalt und Großzügigkeit noch gewinnt! Der Garten hat sich vom klassisch-formalen Vorbild der Symmetrie befreit und spielt stattdessen als Pendant zur Hausfassade mit versetzten Klinker-, Kies- und Beetrechtecken, die durch die grünen geometrischen Formen getrimmter Gehölze verspielt aufgelockert werden.

Ein wenig Renaissance – ein wenig Mondrian

Oben: *Eingestreut ins Flächendesign mit seinen unterschiedlichen Belägen und Texturen sind die Kugelbäumchen der Steppenkirsche* (Prunus fruticosa *›Globosa‹*).
Unten: *Vier Sitzplätze mit filigranem Mobiliar an unterschiedlichen Stellen bieten variable Garteneindrücke und werden gerne zum Blickfang dekoriert.*

Hymne auf die Formensprache

Der typische Reihenhausgarten, der sich an die ganze Breite des Hauses anschließt und nur von dort aus zu erreichen ist, ist lang und schmal und mit 150 Quadratmeter ein Gartenzwerg. »Kein Problem«, sagten die Besitzer, und erfüllten sich ideenreich all ihre Träume. Bis sie allerdings zufrieden auf ihr Werk blickten, gab es viele Stationen des Pflanzens und Umpflanzens. Von Anfang an stand jedoch eines fest: Es sollte ein moderner formaler Garten werden, der sich der Elemente des klassisch formalen Gartens bedient, ohne sich rigiden Zwang anzutun. Ihr Ziel war ein Garten, der die Ausdruckskraft geometrischer Formen nicht durch eine flirrende Farbenvielfalt verdeckt, sondern als dauergrüne Insel inmitten einer unruhigen, architektonisch geprägten Umgebung durch Ordnung und Ausgewogenheit Frieden und Erholung schenkt.

Vergrößern durch Unterteilen

Den länglich rechteckigen Schnitt der Hausfassade, ihrer Fenster und Türen greifen auch die horizontalen Flächenformate auf, die den schmalen Grundriss des Garten durch unterschiedliche Materialien, Farben und Texturen strukturieren. Wie Mondrian setzen die Gartenbesitzer die verschiedenen Fächen scharfkantig gegeneinander ab. So wiederholt sich der Klinkerbelag am Haus nochmals am Ende des Gartens, während dazwischen ein helleres Kiesrechteck ausgespart ist, das versetzt mit

einem gleichformatigen Buchsbeet korrespondiert, in dem die Erde ebenfalls mit Kies abgedeckt ist. Möglicherweise ließen sich die Gartenbesitzer dabei von den Knotenbeeten der Renaissance inspirieren, deren so genannte »offene Knoten« in den Zwischenräumen ebenfalls mit anorganischen Materialien wie Sand, Kies oder Kohlenstaub gefüllt war, während man in die »geschlossenen Knoten« Blumen flächig pflanzte.
Die unterschiedlichen rechteckigen Flächen lassen den Garten abwechslungsreich und dadurch größer erscheinen. Zusätzlich haben ihn die Gestalter durch eine Buchenhecke vertikal untergliedert. Sie trennt ein kleines »Boudoir« ab, in dem zwei Buchsbeete nach Art der Knotenbeete und ein weiterer lauschiger Sitzplatz zum Genießen der grünen Pracht untergebracht sind.

Schön zu jeder Jahreszeit

Neben immergrünen Schnittgehölzen wie Buchs, Eibe, Heckenmyrte *(Lonicera nitida)* und Lorbeer geben sich in diesem Paradies auch schnittverträgliche sommergrüne Gehölze wie Liguster, Weißdorn oder Buche ein grünes Stelldichein. Der Hausherr verwandelt sie mit viel Liebe in Kugeln, Kegel, Würfel. Was gepflegt und schlicht aussieht, bedarf ständiger Korrekturen und ist äußerst pflegeintensiv. Die Liebhaber des Formschnitts schreckt dies jedoch nicht ab, denn sie erfreuen sich rund ums Jahr an ihren harmonischen Skulpturen.

Oben: *Die efeuüberzogene Wand des Schuppens findet ihre Verlängerung in einer Buchenhecke, die sich im Herbst und Winter in apartes Braun verfärbt.*
Unten: *Auch auf der Terrasse wird ein Stillleben aus arrangierten Fundstücken und Pflanzen in Augenhöhe präsentiert.*

Oben: *Mit perspektivischen Rankspalieren und Treillagen lässt sich an Mauern und Wänden räumliche Tiefe vorgaukeln. Ein Tischchen davor mit Pflanzen und Gefäßen verstärkt diesen Eindruck.*

Rechts: *Der Blick vom Haus aus in den Garten gibt bereits sein Thema vor: Formen statt Farben. Wohin der Blick auch fällt, bestimmen grüne Pflanzen mit ihren Nuancen und adretten Formen das Bild. Der Garten ist jedoch nicht wie in klassisch formalen Anlagen symmetrisch zu einer Mittelachse hin gestaltet. Er gestattet sich sogar, die architektonische Strenge mit einer üppigen Schattenrabatte an der linken Seite aufzulockern. An seinem hinteren Ende lassen begrünte Sichtschutzelemente und ein Sitzplatz unter einer weiteren Kugel-Steppenkirsche den Durchgang zu einem quer abgetrennten Gartenraum nur erahnen. Zum harmonischen Gesamteindruck trägt auch die Beschränkung auf gleiche Materialien bei. Alle Gefäße, sogar die der reizend arrangierten* Sedum- *und* Sempervivum-*Arten (rechts) sind aus Ton. Sie korrespondieren gut mit den erdigen Tönen der Klinker und kontrastieren mit der grünen Topiary.*

Formierte Beet- und Wegeinfassungen aus Buchs zeichnen den Grundriss des Gartens in dauerhaftem Grün nach. Die Rautenform des zentralen Beets mit seiner Buchsskulptur als Blickfang nutzt die Gartenecken geschickt für Begleitbeete.

Weitere Ideen für kleine formale Gärten

Erscheinen frei gestaltete Gärten bewegt, rhythmisch beschwingt und melodisch, so kennzeichnet formale Gärten eher eine ruhige, ausdrucksstarke Statik. Innerhalb des architektonischen Rahmens können sich formale Gärten ganz nach Wunsch ein heiter ländliches Gepräge geben und mit Blumen oder duftenden Kräutern die Sinne betören oder sich in repräsentativer, eleganter oder auch minimalistisch moderner Gestaltung an ein städtisches Umfeld anpassen. Wer will, kann dieses natürlich durch Mauern oder Hecken ausgrenzen, zwingend notwendig ist jedoch immer die Anpassung eines kleinen Gartens an das Haus. Selbst William Robinson (1838 bis 1935), der einem freien Gartenstil die Wege ebnete, gestand ein, dass Bepflanzungen in Nähe des Hauses einem Ordnungsprinzip huldigen sollten, um mit diesem besser zu harmonieren.

Kennzeichen formal gestalteter Gärten

- ▷ Beete, Rasen-, Wasserflächen entsprechen geometrischen Formen wie Kreis, Rechteck, Quadrat.
- ▷ Diese Flächen sind symmetrisch zu scharf konturierten Weg-Achsen angeordnet.
- ▷ Laubengänge, Hecken und Formgehölze erzeugen als vertikale Elemente Räumlichkeit.
- ▷ Edle Akzente lenken und sammeln den Blick.

Das klassisch formale Gärtchen mit Symmetrieachse, Wegkreuz und Buchs eingefassten Beet-Kompartimenten wird durch den gleichmäßigen Einsatz von Rosenhochstämmchen (Sorte ›Schneewittchen‹) und die Unterpflanzung mit Lavendel (Sorte ›Munstead‹) zum Raum mit teppichartiger Zweifarbigkeit auf zwei Ebenen.

Klein und klassisch

Der Rahmen formaler Gärten wird gerne homogen gestaltet. Eine Mauer, Schnitthecken oder berankte Sichtschutzwände schirmen die Privatsphäre nach außen ab. Grenzen sie den Garten nach allen Seiten ein, sollte man an einigen Stellen einen Kleinbaum oder eine säulenförmige Konifere davorpflanzen, um die strenge Kontur der Oberkanten aufzulockern. Wichtig ist, solche geschlossenen »Gartenwände« möglichst niedrig zu halten, denn je höher sie sind, desto kleiner erscheint der Garten. Intern gewinnen kleine Freiluftparadiese, wenn ihre Struktur einfach ist, weil ein Grundriss mit klaren Linien spielerische Freiheit im Detail erlaubt. So setzen klassisch-architektonische Gärten auf Untergliederung durch Wege in Kreuzform, mit oder ohne Rondell. Aber auch Kreis- und Halbkreisformen, Rauten und Ovale können kleine Gartenreiche unterteilen. Als gliedernde Elemente in der Horizontalen fungieren Wege, Rasen-, Pflaster- oder Wasserflächen. Bei Wegen verzichtet man in Minigärten gerne auf Rasen und befestigt sie stattdessen mit Kies, Klinker-, Stein- oder Platten-

Hochstämmchen für kleine Gärten

- ▷ Rosenhoch- und -trauerstämmchen
- ▷ Harlekinweide *(Salix integra* ›Hakuro Nishiki‹)
- ▷ Johannis-, Stachelbeerenhochstämmchen
- ▷ Buchs-, Liguster-, Ilexhochstämmchen
- ▷ Mandelbäumchen *(Prunus triloba)*
- ▷ Schneeball *(Viburnum opulus* ›Roseum‹)
- ▷ Meyers Flieder *(Syringa meyeri* ›Palibin‹)

pflaster. Das macht sie zusammen mit spiegelnden Wasserflächen zu besonders starken unpflanzlichen Zäsuren.
Die Flächen werden bestimmt durch klare Kanten. Dabei bedient man sich gerne formierter Buchshecken als markante, die Jahreszeiten überdauernde Einfassungen, die sogar im Winter die Gartenstruktur plastisch hervorheben.

Kugelbäume für kleine formale Gärten

- ▷ Kugel-Robinie, 4–6 m hoch, Herbstfärbung *(Robinia pseudoacacia* ›Umbraculifera‹)
- ▷ Kugel-Ahorn, 3–5 m hoch, Herbstfärbung *(Acer platanoides* ›Globosum‹)
- ▷ Kugel-Steppenkirsche *(Prunus fruticosa* ›Globosa‹)
- ▷ Kugel-Trompetenbaum, Veredelungshöhe *(Catalpa bignonioides* ›Nana‹)

Formale Kleingärten werden jedoch nur interessant und lebendig, wenn sie sich über die Horizontale hinaus in die Vertikale erheben. Höhenelemente wie Rosenbögen, Lauben paarweise angeordnete Hochstämmchen, Kugel-, Säulen- und Spiralbäumchen, berankte Obelisken und vieles mehr verleihen ihnen Räumlichkeit. Wichtig ist, dass deren Ausmaße in einem ausgewogenen Verhältnis zur Fläche stehen. Lange Reihenhausgärten können durch eingeschobene Schnitthecken oder begrünte Spaliere quer in mehrere Räume unterteilt werden. Schmale Durchgänge und Durchblicke, die nicht alles preisgeben, in den Hintergrund des Gartens gestaffelt versetzte Strukturpflanzen schenken ihm Tiefe, machen ihn erlebnisreich und größer.

Inmitten des Wegkreuzes präsentiert sich die Vogeltränke als klassischer Blickfang, während Rosenhochstämmchen und formierte Gehölze die Raumarchitektur bestreiten. Für zentrale Blickachsen gilt übrigens das Gleiche wie für den traditionellen Laubengang: Am Ziel sollte den Besucher ein Blickfang erwarten, wie in diesem Garten die laubenähnliche Bank unterm Rosenbogen.

Oben: *Das Motto »Rund« in kombiniertem Stil von formal-klassischer und frei gestalteter Bepflanzung.*
Unten: *Das Motto »Rund« in modernem Formalismus mit aufgereihten Buchskugeln auf der Terrasse.*

Mögliche Stil-Kombinationen

Wer sich nicht zwischen den beiden Grundrichtungen der freien und der formalen Gestaltung entscheiden kann, hat natürlich auch in kleinsten Gärten die Möglichkeit zum Stil-Mix. Dann allerdings sollte der Garten sich strikt einem Motiv, einem Thema oder einer Farbe widmen, wie zum Bespiel links dem Thema Kugel.

Wer die Stile kombinieren will, dem stehen drei Möglichkeiten zur Verfügung:

- Formaler Rahmen. Innerhalb formaler Einfassungen oder einer architektonischen Struktur können die Beete frei bepflanzt werden.
- Partienwechsel. Eine architektonische Gestaltung in Hausnähe kann zu den Grundstücksgrenzen hin in einer frei gestalteten Partie ausschwingen. Auch Kombinationen von formalen Schnitthecken als eingeschobene Raumteiler mit angelehnten frei schwingenden Beeten sind gut möglich.
- Formale Zitate und Blickfänge. In einer eher freien Gestaltung werden Elemente des klassisch-formalen Gartens als Blickfänge eingesetzt. So können Duos von Kübelpflanzen-Hochstämmchen, von formierten Buchsspiralen oder paarig angeordnete Accessoires Wege und Durchgänge malerisch betonen. In den Beeten werden Buchsskulpturen wie Kugeln, Kegel, Würfel und Pyramiden, Säulen von Eiben oder andere Topiary durch ihre grafische Dominanz einer unruhigen Bepflanzung Halt geben und für Ausgewogenheit sorgen.

Moderne formale Gestaltungen

Auch ihr Kennzeichen sind scharfe Abgrenzung und Konturierung der Flächen. Ansonsten aber können beliebige Elemente des klassisch-architektonischen wie frei gestalteten Gartens aufgegriffen oder modifiziert werden.

Ideale Gehölze zum Formieren

▷ Buchs *(Buxus sempervierens*, immergrün)
▷ Hainbuche *(Carpinus betulus*, sommergrün)
▷ Stechpalme *(Ilex aquifolium*, immergrün)
▷ Bergstechpalme (*Ilex crenata*, immergrün)
▷ Heckenmyrte (*Lonicera nitida*, immergrün)
▷ Kirschlorbeer (*Prunus laurocerasus*, immergrün)
▷ Eibe *(Taxus baccata*, immergrün)

- In winzigen Gärten kann zu einer minimalistischen Architektur passend eine einzige Pflanze als atmosphärische Silhouette dienen, die sich über einer ruhigen Fläche aus Kies, Pflaster oder Wasser erhebt.
- Nach dem Prinzip der Symmetrie und Reihung intensivieren gleiche Pflanzen, die stakkatomäßig in gleichem Abstand wiederholt werden, ihre Wirkung.
- Zu Verfremdungszwecken kombiniert man gerne in formaler Manier Pflanzen mit neuen Materialien wie Cortenstahl, farbigem Kies, Betonplatten oder Wasserflächen. Dies ergibt ebenso eine neue Sicht auf die Pflanzen wie der flächige Einsatz von Pflanzenteppichen.

Wie eine geschwungene Brüstung rahmt formierter Buchs dieses wildhafte Blumenbeet, in dem er in Form eines fantasievollen Tempels ein zweites Mal architektonische Gestalt annimmt. So gerahmt, erhält die locker-wirre Blumenbepflanzung Halt und Prägnanz.

Ein kleiner Garten im fernöstlichen Stil

Sieht man von den großen Parks ab, sind japanische Gärten oft Gärten en miniature und wegen ihrer Abstraktion, Komprimiertheit und Ästhetik wie geschaffen für kleine Grundstücke. In unserer so gänzlich anderen und anders denkenden Welt muss ein solcher Garten jedoch eine entsprechende Abgrenzung zur Umgebung erhalten. Familie Schröder-Bourgeois ist dies nicht nur auf besonders kreative Weise gelungen – als Kenner und Verehrer japanischer Gärten verstehen sie es auch hervorragend, Strukturen und Elemente dieser Gärten wie Laterne und Schöpfbecken (linke Seite) mit originellen Eigenkreationen wie dem Gong zwischen zwei Japanischen Säulenkirschen (Prunus serrulata *›Amanogawa‹, oben) zu verbinden.*

Drei in einem: Teichgarten, Betrachtungsgarten, Teegarten

Oben: *Die drei Felsstücke im erhöhten Kiesgarten symbolisieren die alte Zen-Weisheit: »Aus der Leere tritt die Fülle zutage.« Das leicht abfallende Gelände wurde terrassiert und mit einer Einfassungsstufe abgefangen, die die davorgepflanzten formierten Schattenglöckchen* (Pieris) *bald kaschieren werden.*

Links: *Neben der Terrasse wurde eine Ecke mit asiatischer Keramik und Natursteinen wie Granitplatten und Porphyrpflaster zum beschaulichen Blickfang.*

Die Ausgangssituation war ein eineinhalb geschossiges Wohnhaus aus Klinker, dessen etwa 150 Quadratmeter großer, leicht abgesenkter Garten wie ein Atriumgarten nach den restlichen drei Seiten von hohen Backsteinmauern umgeben war, die das städtische Umfeld ausgrenzten.

Vom Zufall zum japanischen Garten

Doch damals, vor etwa 15 Jahren, mitten in der Planung eines Gartens, der sich an europäischen Maßstäben orientierte und mit Pflasterarbeiten bereits im Entstehen war, fiel Rena Schröder-Bourgeois ein Buch über japanische Gärten in die Hände, das alles verändern sollte. Feinheit, Ästhetik und Gedankengut dieser Gartenkultur inspirieren sie und ihren Mann seitdem immer wieder aufs Neue. So wurden die bereits in Angriff genommenen Pläne über Bord geworfen, denn nun war die Entscheidung für einen japanischen Garten gefallen. In Eigenregie konzipierte und gestaltete man einen Garten, der sich trotz seiner vollkommmenen Ausstrahlung durch neue Ideen der rührigen Gartenliebhaberin ständig in Umgestaltung befindet.

Ästhetik als oberstes Ziel

Weite Teile der Einfassungsmauern sind inzwischen von immergrünem Efeu überzogen. Dort jedoch, wo sie von Haus und Terrasse aus frontal im Blick liegen, verkleideten sie die Gartenbesitzer nach dem Vorbild japani-

scher Schiebewände mit zwei Holzfeldern, die mit heller Plane unterlegt asiatischen Papierwänden täuschend ähnlich sehen.
Innerhalb des Gartenraums verstand es Rena Schröder-Bourgeois, die drei Grundtypen japanischer Gärten miteinander zu verbinden. Im Zentrum dominiert der Teichgarten, den Kiesel, große Steine und Pflanzen säumen und der im klassischen Sinn zu »umwandeln« ist. Wie in Japan, wo man kleine Gärten gerne aus Ecken heraus konzipiert, sieht das Gartendesign ferner in einer seitlichen Nische einen Betrachtungsgarten vor. Stilgetreu ist er ein meditativer Trockenlandschaftsgarten mit einer Dreier-Felsengruppe inmitten eines Kiesbeets.
An die dritte Form japanischer Gärten, den Teegarten, erinnern Steinlaterne und *Tsukubai*, ein Schöpfbecken aus Naturstein, das dem zeremoniellen Reinigen von Mund und Händen dient. Auch mit dicht gepflanzten, niedrig gehaltenen immergrünen Gehölzen, Moos, Farnen und Gräsern sowie locker verteilten Trittsteinen, die das Schreiten bewusst machen sollen und einst den Weg zum Teehaus wiesen, greift der Garten Gestaltungsprinzipien des traditionellen Teegartens auf.

Pflanzen in grüner Formkunst

Mit nur wenigen Ausnahmen haben sich die Gartenbesitzer für immergrüne Pflanzen entschieden, die auch den winterlichen Garten reizvoll beleben. Ob Azaleen, Buchs, Schattenglöckchen, Kirschlorbeer oder Thujen – sie alle werden von der Gartenliebhaberin feinsinnig in Form geschnitten.

Der Blick von Haus und Terrasse fällt auf die leicht ansteigende, grüne Miniaturlandschaft, die von der japanischen Kulisse der verkleideten Mauer und den zylindrisch formierten Thujen beherrscht wird. Der optischen Auflockerung dienen drei Buddha-Figuren und die »Stele« aus Bambusröhren, während die Laterne in der klassischen Takimi-Form (rechts) und die rohe Bank (links) rhythmische Akzente aus Stein setzen.

Ein japanischer Teichgarten am Hang

Wenn sich eine Künstlerin in Zen-Meditation übt und in abstrakten Gemälden vorwiegend Haiku-Gedichten nachspürt, ist es nicht verwunderlich, wenn auch ihr Garten in jener Welt verankert ist. Nach inspirierenden Fernost-Reisen entwarfen die Gartenbesitzer mit viel Sensibilität an einem Südhang in ländlicher Dorfrandlage einen japanischen Teichgarten im so genannten Umwandelstil, dessen Vorbilder bis ins 17. Jahrhundert zurückreichen. Dabei veränderten oder nutzten sie geschickt topografische Vorgaben. So wurde die Regentraufe zum suggestiven Steingarten (oben), während am Teich ein Buddha (linke Seite) der Seele der Steine nachspürt.

Oben: *Neben einer zum Wolkenbaum formierten Eibe hebt sich das Bambustor malerisch vor den imposanten Thujen ab. Die ausgehängten Türen lassen den Blick hindurch streifen. Das türlose Tor ist ferner ein symbolischer Impuls, die eigenen inneren Barrieren zu öffnen.*

Unten: *Der Teich kann unterhalb der reichbepflanzten Stützmauern nach alter Tradition »umwandelt« werden.*

Der Spiegel des Himmels im Garten

Bevor dieser etwa 400 Quadratmeter große Hanggarten ausgestaltet werden konnte, galt es zuerst einmal die Postkartenkulisse des Dorfes auszublenden, damit die Andersartigkeit und der kontemplative Charakter eines japanischen Gartens nicht unterlaufen würde.

Eine Insel der Stille

Das generelle Sichtschutzproblem kleiner Gärten musste in diesem Fall obendrein zum fernöstlichen Gartenstil passend gelöst werden. Die Gartenbesitzer fanden dabei Vorgaben in der japanischen *Okarikomi*-Methode, bei der große geschnittene Gehölze als Hintergrund für das Hauptelement dienen. Deshalb umstehen zahlreiche 4 bis 6 Meter hohe, in Form gehaltene Thujen (*Thuja orientalis* ›Smaragd‹) in unregelmäßig versetzter Gruppierung wie Wächter den Garten und spenden ihm dank ihrer robusten Frosthärte das ganze Jahr gleichmäßig grünen Schutz. Der blickdichte Rahmen verleiht dem Garten einen ungewöhnlichen Inselcharakter ohne den starren Mauereffekt einer Schnitthecke aufzuweisen.

Das Yin oder die Jade-Essenz der Götter

So versteht der Taoismus das Lebenselixier Wasser, für den es eine der nobelsten Tugenden symbolisiert: die Anpassungsfähigkeit an vorgegebene Verhältnisse ohne Identitätsverlust. In diesem Hanggarten mussten die Bedingungen für Wasser in Form eines Teiches jedoch erst geschaffen werden. Mit über 30

Tonnen Steinen ließen die Gartenbesitzer eine dammähnliche Abstützung errichten, die das Becken für den Teich fasst. Nach japanischem Vorbild wurde der Teichrand angeböscht und mit unregelmäßig arrangierten Steinen und Pflanzen besetzt, die sich in den Tages- und Jahreszeiten unterschiedlich im Wasser spiegeln. Steine und Wasser sind die zentralen Meditationselemente des Zen. Sie machen die Stille sichtbar und gelten deshalb als die besten Begleiter auf dem Weg zur Selbsterkenntnis. Aber auch Blickfänge wie Laterne, Bambustor oder Buddha-Statue tragen etwas vom Geist jener Lebenskultur in den Garten.

Gezielte Absichtslosigkeit

Symmetrie ist ein Unwort im japanischen Garten, der als idealisierte Naturlandschaft voll versteckter Symbolik ist. Deshalb waren die Gartenliebhaber auch darauf bedacht, mit Steinsetzung und Bepflanzung kein reales Landschaftsbild zu entwerfen. *Kokarikomi* nennen die Japaner die spezielle Gestaltung der Teichumrandung. Dabei bilden rund formierte immergrüne Gehölze ein Gegengewicht zu den benachbarten Steinen. Gleichzeitig können sie gestaffelt oder auf einer Böschung angepflanzt Kleinlandschaften darstellen, auf denen Licht und Schatten spielen.

*Himmel und Erde begegnen sich in den Spiegelungen des Teiches. Zwischen den kugelig geschnitten Eiben (*Taxus baccata*) setzen Azaleen einige Farbtupfer ins Grün, während im Herbst der Japanische Ahorn (*Acer palmatum*) neben der formierten Kiefer ein prächtiges Farbschauspiel bietet.*

Das Wohnzimmer ist mit seinen die ganze Breite umspannenden Glasschiebetüren auf den Garten hin ausgerichtet. Die dezenten Farben und die elegant zurückhaltende Linienführung des Mobiliars, das von japanischen Lackmöbeln ergänzt wird, gehen eine wunderbare Einheit mit dem Garten ein und unterstreichen seine kontemplative Wirkung. Bei einer Java-Reise begeisterten sich die Gartenliebhaber für einen Buddha von Borobudur, der seitdem in Überlebensgröße am Terrassenrand zur Meditation einlädt. Den Wechsel der Jahreszeiten machen die Gehölze in seinem Rücken spürbar, wie Birke, Eibe, Japanische Zierkirsche und ein zum Wolkenbaum formierter Wacholder.

Ein farbenfroher Altstadt-Hinterhof

Der Liebe zu Pflanzen und Kunst sowie der Fantasie und Kreativität seiner Besitzerin verdankt ein kleiner Hinterhof die Entwicklung von der Schutt-Deponie zum Künstlergarten. Mit ihren Lieblingsfarben Blau und Weiß und selbst getrimmten Kugelbäumchen verwandelte ihn Ursula Müller tatkräftig in ein heiteres Freiluftdomizil. Immergrüne Gehölze wie Buchs, Liguster, Euonymus, Rhododendron und vor allem Efeu, der auch die Wände berankt, beleben ihn rund ums Jahr, während die wunderlichen Gestalten des Bildhauers und Familienfreundes Günter Mertens mit fröhlicher Skurrilität als wachhabende Gartengeister nach dem Rechten sehen (oben).

Mit Farbe und Diagonale gegen die Tristesse

Vom Hinterhof, in dem Efeu Mauern und Wände mit Dauergrün verkleidet, führt diagonal die blau-weiß bemalte Treppe zu höher gelegenen Plätzen wie Terrasse und Wintergarten. Die Diagonale wiederholt sich auch im Zickzack-Muster der bankartigen Sitzplätze, deren strahlendes Weiß im Schatten wie ein Raubtiergebiss aufblitzt und die Pflanzen zurückhält..

An die 30 Jahre werden es bald, dass Familie Müller lastwagenweise den Schutt aus dem Hinterhof ihres neu gekauften Hauses entfernen ließ. Gleich mit zum Entsorgen gab man damals auch die oberste Erdschicht, bevor es ans Pflastern und Pflanzen ging.

Stationen eines Hinterhofs

Seitdem hat sich der ringsum von hohen Mauern umgebene Hinterhof in mehreren Etappen den wechselnden Familienbedingungen angepasst und ist dabei sogar über sich hinausgewachsen, als Familie Müller die Gelegenheit ergriff, Nachbargrundstücke zu beiden Seiten dazuzukaufen.

Kindergarten. Anfangs diente er mit Sandkasten und Rasenflächen den fünf Kindern der Familie als Spielplatz und war dazu in fröhlichen Rot- und Gelbtönen gehalten.

Farbengarten. Mit dem Heranwachsen der Kinder wurden Sandkasten und Rasen überflüssig. Stattdessen hielten Beete und Pflanzen in Kübeln ihren Einzug. Vor allem aber frönte Ursula Müller ihren Lieblingsfarben Blau und Weiß nicht nur bei der Pflanzenwahl, sondern strich auch die Treppe zu Terrasse und Wintergarten, Geländer, Pflanzkübel und Tor mit blauem und weißem Acryllack.

Künstlergarten. Schon die Farbgebung der Hausherrin ist ungewöhnlich. Als sie jedoch auf einer Ausstellung die Fabelwesen des Düsseldorfer Bildhauers Günther Mertens sah, war sie spontan davon begeistert. Nach kurzer Zeit hielt ein buntes Völkchen Einzug in die kleine Freiluft-

galerie und treibt seitdem dort zur Freude der Familie sein Unwesen.

Pflanzen für ein Schattenparadies

Durch die hohen Mauern erhält der kleine Garten nur wenig Licht. Es genügt jedoch, um sich dennoch zu allen Jahreszeiten an Blüten erfreuen zu können. Im Frühling werden die Krokusse von Schachbrettblumen *(Fritillaria meleagris)* und Narzissen abgelöst, denen Akeleien *(Aquilegia)*, Tränendes Herz *(Dicentra spectabilis)* und Rhododendren folgen. Im Sommer erscheinen nach den Glockenblumen *(Campanula)* die Blütenbälle der Hortensien *(Hydrangea)*, die im Spätsommer Astern, Silberkerzen *(Cimicifuga)* und Japananemonen *(Anemone-Japonica-*Hybriden) Platz machen. Vor allem aber liebt Ursula Müller ihre selbst getrimmten Kugelbäumchen aus Buchs, Lorbeer und Liguster, die sie gerne mit gelb-grünem *Euonymus* unterpflanzt, um damit Lichttupfer in ihr kleines Reich zu bannen.

Oben: *Die plakativen Muster machen die bemalten Kübel zu Schmuckstück und Blickfang zugleich. Verspielt lockern die grünen Kugeln auf unterschiedlichen Höhen deren dominanten Charakter auf.*

Unten: *Auch die blau-weißen Möpse haben ihre Existenz dem Bildhauer Günter Mertens zu verdanken.*

Das elegante Grün von Bambus und Kübelpflanzen macht den gepflasterten Gartenhof zu einer kleinen Insel der gepflegten Entspannung.

Weitere Ideen für Garten- und Innenhöfe

Wer sich inmitten von Häuserzeilen plötzlich in einem malerischen Garten- oder Innenhof befindet, ahnt meist nicht, wie viel Kreativität vonnöten ist, um solche Problemzonen in eine grüne Oase zu verwandeln. Maurische Patios belegen mit ihrer artifiziellen Ästhetik, dass Gartenhöfe umso gelungener sind, wenn architektonische und gärtnerische Gestaltungselemente miteinander verschmelzen. Dies lässt sich mit Bodenbelägen, Mobiliar, Sichtschutzelementen, Accessoires und vor allem Pflanzen erreichen, die Hinterhöfe in abgeschiedene Paradiese voller Komfort, Schönheit und Erholungsqualität verwandeln können.

Wohnlichkeit zwischen Mauern

Auch beim Gestalten kleiner Hinterhöfe sollte man »ans Doppeln« denken und mit jedem Gestaltungselement möglichst zwei positive Effekte erzielen. Wichtige Maßnahmen sind: Wände kaschieren. So können Kletterpflanzen Mauern und Fassaden verkleiden und den

Kennzeichen von Gartenhöfen

- ▷ Allseits von Mauern/Fassaden umgeben
- ▷ Von oben ringsum einsehbar
- ▷ Viel Schatten, meist wenig Licht
- ▷ Besonders hohe Lufttrockenheit
- ▷ Häufig verschlossene Grundfläche (geteert oder gepflastert); bei offenem Boden ist die Bodenqualität fast immer schlecht

Elegante frostfeste Möbel und dekorative Schattenpflanzen in Kübeln, wie Hortensie (Hydrangea), *Funkie* (Hosta), *Farn und die riesenblättige, nicht winterharte* Gunnera manicata *setzen dem Gartenhof stimmungsvolle Glanzlichter auf.*

Patio gleichzeitig mit erholsamem Grün bereichern. Wer selbsthaftende Klettergehölze wie Efeu *(Hedera)*, Wilder Wein *(Parthenocissus quinquefolia* var. *engelmannii)* oder Kletterhortensie *(Hydrangea anomala* ssp. *petiolaris)* wählt, kann sich Kletterhilfen ersparen. Andererseits vermögen auch formschöne Spaliere oder kunstvolle Treillagen unschöne Mauern als dauerhafter Fassadenschmuck zu zieren. Sind sie farbig, ergänzen sie im Sommer Blüten- und Blattfarben der Kletterer, während sie im Winter den kleinen Gartenraum beleben.

Mit Farbe kann man generell kleine Wunder bewirken, zum Beispiel indem man Türen und Fenster farblich in den Garten einpasst oder Wände auflockernd bemalt. Wichtig ist jedoch, den kleinen Rahmen nicht durch zu viele oder zu laute Farben zu sprengen.

Räumlichkeit erzeugen. Damit kein klaustrophobisches Schachtelgefühl zwischen den Wänden aufkommt, sollte man Gartenhöfe mit vertikalen Elementen unterteilen. Dies bewirken bereits Podeste für Sitzgruppen oder Spielflächen, die sich nur etwas über das

Allein Bodenbeläge tragen durch Material und Verwendung ein bestimmtes Flair in Gartenhöfe. Links ein mediterran anmutender Material-Mix aus Klinkern und Naturstein, rechts ein ornamentales Mosaik aus Klinkern, rotem Splitt und Kieselsteinen.

Grundniveau erheben, erst recht jedoch hohe Pergolen, Spaliere, Rosenbögen, Solitärsträucher oder -bäume.

Von den umgebenden Mauern lenkt auch eine abwechslungsreich gestaltete Grundfläche ab. Schöne Beläge, kunstvolle Bodenmosaiken oder segmentierte Flächen, zum Beispiel in Form von Rasen, Pflaster, Kies intensivieren die Erlebnishaftigkeit und das Raumgefühl.

Sichtschutz bedenken. Höhenelemente wie eine Pergola über dem Sitzplatz oder ein breitkroniger Baum bringen den zusätzlichen Nutzen, dass sie Blicke von oben abschirmen. Alternativen sind Sonnensegel, die gut mit moderner Architektur harmonieren und den Hinterhof ebenfalls räumlich unterteilen, sowie Sonnenschirme, die es in unterschiedlichen Größen und Formen wie rund, oval, quadratisch und rechteckig, gibt.

Die Luftfeuchte erhöhen. Dies bewirkt bereits eine reiche Bepflanzung, deren Blätter und Substrate laufend Feuchtigkeit aufnehmen und abgeben. Oft reicht dies jedoch für das Wohlfühlen von Mensch und Pflanze nicht aus, denn sonnenbeschienene Fassaden sowie geteerte oder gepflasterte Flächen speichern die Hitze und verdunsten dadurch entschieden mehr Luftfeuchte als frei liegende Gärten. Schon in alten islamischen Gärten bereicherte man deshalb die Atriumhöfe mit Wasserbecken, Wasserspielen und Wasserrinnen. Zur Verbesserung des Kleinklimas, aber auch um Innenhöfen sinnlich zu beleben, ist

Oben: *Umgeben von lauschigem Grün lassen sich gesellige Stunden auch in kleinsten Gartenhöfen verbringen. Helle, freundliche Farben und Materialien von Mobiliar, Textilien und Pflaster fangen das spärliche Licht ein. Übrigens: Pflaster in regelmäßigem Verbund lässt kleine Flächen ruhig und großzügig erscheinen.*

Unten: *In ein Blütenmeer können Clematis vorübergehend Wände, Bögen und Pergolen tauchen.*

Oben: *Praktisch und idyllisch: Brunnen und Gießstelle vor einem efeubewachsenen Sichtschutz.*
Mitte: *Panaschierte Funkien werden auf verschiedenen Höhen gruppiert zum dekorativen »Lichtblick«.*
Unten: *Stille Ecke für die Gartenleidenschaft.*

Wasser in jeder Form ein Geschenk. Sollte für gemauerte Becken oder Brunnen kein Platz sein, lässt sich ein Wandbrunnen, ein Schöpfbecken, ein Quell- oder Sprudelstein auch auf kleinstem Raum unterbringen.

Wohnlichkeit erzeugen. Gartenhöfe sollten liebevoll zu einem Wohnraum im Freien gestaltet werden. Dazu gehören nicht nur lebende grüne Vorhänge vor den Wänden, sondern auch ein Mobiliar, das in Stil, Größe, Material und Farbe zum Umfeld passt und dazu noch erlesenen Komfort schenkt. Gibt es keine Aufbewahrungsmöglichkeit für die Sitzmöbel, sollte man wetterfestes Material wählen, das auch den Winter im Freien überdauern kann.

Accessoires nicht vergessen! Selbst kleinste Sitzplätze gewinnen durch das Fluidum schöner Details. Edle Gefäße, originelle Leuchten, malerische Rankelemente, verspielter Gartenschmuck, Sammel- und Fundstücke und Vieles mehr verleihen der wohnlichen Ausstrahlung erst den letzten Schliff.

Der Charme schattiger Plätze

Auch in schattigen Hinterhöfen können Pflanzen gedeihen, vorausgesetzt man trifft die richtige Auswahl. Glücklicherweise gibt es eine ganze Reihe von immergrünen Schattenkünstlern, die trockene Luft tolerieren und dem Winter mit belebendem Grün begegnen. Wo mehr Licht hinfällt, können auch Pflanzen mit panaschiertem Laub, weißen oder pastellfarbenen Blüten das Grau des Schattens

punktuell vertreiben. Bevor man jedoch viel Geld für ein Gehölz investiert, sollte man sich in Baumschulen über dessen Eignung für den innerstädtischen Bereich vergewissern. Schattige Partien können jedoch nicht nur durch Pflanzen aufgehellt werden, auch durch helle Beläge, Wände, Kletterhilfen, Möbel und Textilien lassen sie sich freundlicher gestalten.

Immergrüne Gehölze für Schattenbereiche

- ▷ Immergrüne Berberitzen (*Berberis*, 1–3 m)
- ▷ Schirmbambus (*Fargesia murieliae*, bis 3,5 m)
- ▷ Mahonie (Mahonia aquifolium, 1–2 m)
- ▷ Lorbeerkirsche (*Prunus laurocerasus*, 1–3 m)
- ▷ Skimmie (*Skimmia japonica*, bis 60 cm)
- ▷ Immergrüner Schneeballl (*Viburnum rhytidophyllum*, 3–4 m)

Gärtnern ohne Boden

Mehr als in allen anderen Formen kleiner Gärten wird man sich in Gartenhöfen zum Gärtnern in Gefäßen entschließen müssen, da der Boden oft verschlossen ist. Während getopfte Sommerblumen, Gemüse und Kräuter für eine Saison ihren Zauber entfalten, können viele winterharte Gehölze und Stauden in großen, frostfesten Kübeln bei entsprechendem Schutz den Winter überstehen und meist etliche Jahre kultiviert werden. Sogar Klettergehölze wie Clematis, Schlingknöterich *(Fallopia baldschuanica)*, Geißblatt *(Lonicera)* und Kletternder Spindelstrauch *(Euonymus fortunei* var. *fortunei)* sind lange Zeit in Kübeln lebensfähig.

Die kunstvollen Skulpturen formierter Gehölze und ein attraktiver Brunnen verleihen diesem Gartenhof dauerhafte Strukturen.

Ein eleganter Wassergarten

Rosen, Buchs und Wasser zählen zu den Lieblingen von Trijn Siegersma, die jedem von ihnen eine zentrale Funktion in ihrem kleinen Garten zuweist. Buchs, der als immergrüne Einfassung und in markanten Figuren die Struktur abzirkelt und Akzente setzt, Ramblerrosen, die an Bogen (›Constance Spry‹, oben), Hauswand (›New Dawn‹, oben) und als duftender Baldachin über dem Sitzplatz (›Bobby James‹, links) sich in der Vertikalen zu duftenden Blütenwolken aufbauschen, während der Zierteich als zentrales horizontales Element des Gartens alle Blicke auf sich zieht.

Oben: *Kugelig formierte Gehölze lockern am Sitzplatz wie im Beet die rechteckigen Formen und Flächen auf.*

Mitte: *Vom Sitzplatz aus kann der Blick auch in einem kleinen mobilen Gärtchen umherwandern.*

Unten: *Von der Küche aus bietet der Terrassenplatz Entspannung im Grünen. Das Laub eines Baumes spendet Kühle und stimmungsvolles, bewegtes Licht, während sich Federmohn* (Macleaya cordata) *und Kletterpflanzen anschicken, die zartgrün gestrichene Sichtschutzwand zu erobern.*

Der Tradition verpflichtet

Auf weniger als 350 Quadratmetern ist es Trijn Siegersma gelungen aus einer Fläche zwei Gärten entstehen zu lassen. Ausgewogene Proportionen, Linienführungen, die der Seele Frieden und den Pflanzen einen noblen Rahmen schenken, ein Blütenmeer von Rosen, Stauden und Sommerblumen sowie ein glitzernder Wasserspiegel verwandeln den architektonischen Teil in ein Paradiesgärtlein. Abgetrennt durch eine halbhohe Hecke gibt es daneben noch einen legeren Freizeitgarten mit viel Rasen.

Symmetrie im Kleinformat

Als Familie Siegersma vor 25 Jahren das inzwischen über 100 Jahre alte Haus mit seinem wildhaften Garten erstand, befand die Hausfrau, dass zur Fassade des Hauses ein Garten mit ruhigen, geordneten Strukturen am besten passen würde. So ergab sich nach der Längsteilung ein schmaler, länglicher Grundriss für den Hauptgarten, der quer in drei hintereinander liegende Bereiche unterteilt wurde.

Am Haus entstanden Buchsgevierte für Rosen und Blumen, in deren Mitte eine Sonnenuhr als klassischer Akzent die Stunden zählt.

Der Mittelweg geleitet zur zweiten Station, dem Herzstück des Gartens, einem rechteckigen Zierbecken, das von schmalen Buchsbeeten flankiert wird.

Daran schließt sich auf einer kleinen Empore ein lauschiger Sitzplatz an, der im Juni unterm

Blütenmeer der Ramblerrose ›Bobby James‹ (Bild Seite 50) nahezu ertrinkt.
Gerahmt von den plastischen Buchseinfassungen der Beete und dem leicht erhöhten Sitzplatz, erinnert der Teich mit seinem tiefem Wasserspiegel an einen Senkgarten. Ob vom Haus oder vom Sitzplatz aus, immer liegt er mit jeweils wechselndem Hintergrund im Zentrum dieses liebevoll gestalteten Refugiums.

Einheit des Materials – Spiel der Formen

Die erste Maßnahme, die Trijn Siegersma ihrem Garten zukommen ließ, war, ihm mit gepflasterten Klinkerwegen, Teichbecken und Buchseinfassungen seine klare Struktur und einheitliche Farbigkeit zu verleihen. Noch heute widmet die »Sonnenschein-Arbeiterin«, wie sie sich selbst gern bezeichnet, täglich mindestens eine Stunde ihrem Garten. So gelang ihr durch Pflege und Ausgestaltung allmählich die bezaubernde Liaison von Haus und Garten, von Strenge und Verspieltheit.

Der inszenierte Blick aufs Wasser

Vom erhöhten Sitzplatz in Teichnähe lässt sich das faszinierende Spiel von Licht und Wasser besonders gut genießen. Um ihm lauschige Behaglichkeit zu verleihen, fasste ihn die Hausherrin mit formierten grünen Gehölzen und einem Rosen-Baldachin ein, sodass er vom Haus aus selbst zum Blickfang wurde, der sich im Teich spiegelt. Dieser bereichert den Garten mit doppelter Wirkung: Als nuancenreicher Spiegel fängt er den Augenblick ein und bleibt dennoch eine zeitlose Insel der Ruhe und Beschaulichkeit.

Auch vom Sitzplatz aus ist der Teich die Attraktion des Gartens. Seine stille Oberfläche mit den Seerosen fesselt den Blick. Verstärkt wird die suggestive Wirkung noch durch die ornamentale Einfassung mit Klinkern, die an den Längsseiten quer und an den Querseiten längs verlegt wurden. Die formierten Buchskugeln und Gräser im Kübel weisen währenddessen dem Auge den Weg über den Teich und geben die Blickachse bis zur Sonnenuhr vor.

Halbmondförmig schmiegt sich der Teich in das von Mauern gesäumte Eckgärtchen. Die kleine Gartenfläche wurde großzügig auf das Holzdeck des Sitzplatzes und die Wasserfläche aufgeteilt, nur ein schmaler Streifen blieb für die Randbepflanzung, die die baulichen Kanten umspielt.

Weitere Ideen für Wassergärten

Je erlebnisreicher ein kleiner Garten gestaltet wird, desto größer erscheint er aufgrund seiner vielfältigen Attraktionen. Wasser ist dabei wohl die sinnlichste Bereicherung, weil man es sehen, hören und fühlen kann. Da es sehr anpassungsfähig ist und sich sowohl als horizontales Element in Form von Flächen (Teich) und Bändern (Bachlauf, Wasserrinne) als auch als Vertikale (Brunnen, Springbrunnen, Fontäne) gestalten lässt, findet sich auch in kleinsten Gärten wohl stets eine Möglichkeit des Einsatzes, ja es kann sogar zum bestimmenden Teil des Gartens werden. Wer Wasser in den Garten holt, gestaltet auch immer dessen Fassung – zum Beispiel mit Becken, Brunnen, Wasserspeier, Putto usw., die ihrerseits mit ihrer Optik den Stil des Gartens unterstreichen können.

Vorteile von Wasser in kleinen Gärten

- ▷ Wasser fasziniert Seele und Sinne
- ▷ Es lässt sich als flächiges oder lineares, als horizontales oder vertikales Strukturelement im Garten einsetzen
- ▷ Es bereichert den Garten mit einer speziellen Flora und Fauna
- ▷ Es erhöht die Luftfeuchtigkeit und erfrischt
- ▷ Fließendes Wasser verleiht dem Garten Flair durch Klänge wie Plätschern oder Murmeln

Wasser auf der Terrasse

Aufgrund seiner sinnlichen Ausstrahlung sollte Wasser möglichst in Sitzplatznähe oder zumindest im Blickfeld installiert werden. Viele winzige Gärten haben dennoch große Terrassen, sodass sich Wasserspiele hier anbieten. Möglichkeiten: Wandbrunnen mit Becken, kleine Springbrunnen, Quell- und Sprudelsteine, in den Boden eingelassene oder aufgemauerte Becken, moderne Wasserspiele und -stelen, die Wasser im Schwall oder weich herabrieselnd auch in eine Rinne leiten können. Bottiche, Tröge, sogar Vogeltränken und Pflanzgefäße vermögen mit Wasser und Schwimmkerzen Sommernächte zu verzaubern.

Der moderne formale Zierteich lebt vom beeindruckenden Kontrast der Texturen, mit denen sich die Beläge von Terrasse, Treppe und Mauer vom ruhigen Spiegel der Wasseroberfläche abheben.

Wasser vor der Terrasse

Längliche Reihenhausgärten kann man geschickt nutzen, indem man über die ganze Breite vor der Terrasse – eventuell sogar zusammen mit dem Nachbarn eine Wasserrinne, ein Becken oder einen Naturteich baut. Der dahinter liegende Gartenteil ist in solchen Fällen über Trittsteine, einen Steg oder eine kleine Brücke zu erreichen. Möglichkeiten: Viele Varianten gibt es auch beim Übergang von der Terrasse zum Wasser, der in einer geraden, diagonalen, gestuften oder geschwungenen Linie verlaufen, als halbrundes oder rechteckiges Podest in die Wasserfläche hineinragen kann. Konturen und Belag müssen sich dabei am Stil des Hauses und der Terrasse orientieren.

Sitzplatz am Wasser

Ob ein Teich formal oder naturnah, zentral oder am Rand liegt, ein Bach sich durch das kleine Reich schlängelt oder ein Brunnen es ziert, möglichst in der Nähe sollte ein Sitzplatz installiert werden, damit man die Reize des Wassers, die Spiegelungen ruhiger Oberflächen oder das Glitzern und Plätschern bewegten Wassers aus nächster Nähe erleben kann. Möglichkeiten: Runde Becken können wunderbar mit zwei runden Bänken eingefasst werden. Am Naturteich kann ein Sitzplatz auch in eine Aus- oder Einbuchtung verlegt werden, in einen modernen Hinterhof passt ein Brunnenbecken mit breitem Sitzrand.

Dieser Naturteich vereinnahmt den ganzen Gartenraum und reicht mit seiner Uferzone bis zum Haus. Von dort lassen sich malerische Jahreszeiten-Aspekte aus allernächster Nähe erleben. Wer einen Perspektiven-Wechsel wünscht, kann ihn vom Steg aus genießen – oder dort auch einmal ein Sonnenbad nehmen.

Oben: *Wie ein großes Medaillon wird der formale Teich zum Mittelpunkt des Gartens, wobei Pflanzen in Kübeln seine Form und Einfassung noch akzentuieren.*

Unten: *Auch diesen Zierteich krönt ein symmetrisch ausgestalteter Sitzplatz zwischen Buchsspiralen und -würfeln.*

Formale Wassergärten

Wer Wasser in einem klassischen oder modernen architektonischen Garten genießen möchte hat viele Möglichkeiten. Ob Zierteich mit oder ohne Fontäne, Brunnen, Springbrunnen, Wasserrinne, Vogeltränke oder moderne Wasserskulptur, kleine formale Gärten leben davon, Wasser als Blickfang zu zelebrieren und verlegen es deshalb gerne in Hausnähe, ins Zentrum oder ans Ende einer Achse oder lassen es in länglicher Form gleich selbst zu einer Achse werden. Umgeben Mauern den Garten, kann es aus Wandbrunnen heraus in schmale Becken plätschern. Auch in frei gestalteten kleinen Gärten, die durchgehend gepflastert sind, empfehlen sich solch ornamentale Wasseranlagen, die durch eine prägnante Einfassung ihre Form noch unterstreichen.

Frei gestaltete Wassergärten

In Gärten mit einem natürlich anmutenden Umfeld von Rasenflächen, locker angeordneten Gehölzen und weich geformten Beeten passen Naturteiche und Bachläufe. Kennzeichnend für beide sind unregelmäßige, organische Konturen sowie eine enge Liaison mit der Randbepflanzung, die Uferkanten überspielt und verdeckt. Da sich das biologische Gleichgewicht eines Naturteichs umso besser stabilisiert, je größer er ist, ist winzigen Gärten besser mit einem Zierbecken gedient. Wer dennoch einen kleinen Naturteich möchte, findet im Fachhandel Kunststoff-Fertigteiche mit bereits eingelassener Uferzone. Da viele Pflanzen der Sumpf-und Flachwasserzone jedoch stark zum Wuchern neigen, sollte man sich bei der Pflanzenwahl gut beraten lassen.

Oben: *Ein kleiner Naturteich, der geschützt und abseits liegt, bietet dem Auge Entdeckerfreuden und manchen Tieren ein Heim.*

Unten: *Ein charmanter Zwitter aus Natur- und Zierteich ist der von Schmuckelementen begleitete Teich vor der Terrasse.*

Was kleine Gärten größer macht

Ein kleiner Garten von Mauern umgeben

Fasziniert von der Provence und ihren Gärten transportierte Marjolyn Weijers in ihren 300 Quadratmeter kleinen Garten im niederländischen Seestädtchen Veere so viel südliches Lebensgefühl wie möglich. Eingebettet zwischen Hauswänden und Stadtmauer erhält das direkt an der Mole gelegene Eckgrundstück Windschutz und lauschige Abgeschiedenheit. Dass dazwischen jedoch kein Kerkergefühl aufkommt, sondern ein luftig wirkendes, grünes Paradies entstanden ist, verdankt der Garten der experimentierfreudigen Stylistin, die die einengenden Gartengrenzen feinsinnig zu nutzen wusste.

Oben: *Den 50 Jahre alten Wein löste die Gärtnerin bei Sanierungsarbeiten vom Haus. Seitdem verbreitet er an der selbst entworfenen Pergola auf der Terrasse mediterranes Lebensgefühl und Schatten.*

Unten: *Wo die Mauer nur halbhoch ist, ergänzt eine Flechthecke aus Linden den Sicht- und Windschutz, der mit der Hortensie ›Annabelle‹ unterpflanzt ist.*

Fantasievolle Zimmerflucht

Um neue Ideen verwirklichen zu können, zögerte Marjolyn Weijers noch nie, sich auch einmal von altgedienten Pflanzen und Anblicken zu trennen. Auf diese Weise erwuchs unter ihren Händen in 15 Jahren ein kleinräumiges Gartenparadies, das sich mit Sicherheit auch weiterhin dank der Fülle ihrer Ideen verwandeln wird.

Die Strategie der Ablenkung

Damit in ihrem kleinen Reich zwischen Stadtmauer und Hauswand das beklemmende Gefühl des Eingepferchtseins gar nicht erst aufkommt, verfiel die Stylistin auf die Idee, den kleinen Garten in offene und »geschlossene« Gartenräume zu unterteilen, um sozusagen die Sinne mit einer Vielzahl von Eindrücken vom »Schachtelgarten« abzulenken. Dabei

zwischen grauer Architektur

Oben: *Links von der Terrasse schließt sich eine weitere Pergola bis zur halbhohen Grundstücksgrenze an. Dieser Sitzplatz erhält Weite, weil er zum überdachten Raum mit Durchsicht gestaltet wurde.*

Unten: *Auch die weißen Gitter sind Mitbringsel aus der Provence. Sie passen zum übrigen Ambiente und krönen die Mauer zum Blickfang.*

bediente sie sich vorwiegend zweier übersaisonaler Strukturelemente: Pergolen, die mit Weinreben oder Kletterrosen berankt überdachte lauschige Sitzplätze oder Durchgänge bilden, sowie halbhohe Eibenhecken und Buchseinfassungen, die dem Gärtlein auch im Winter intensives Grün verleihen.

Die Strategie des Verkleidens

Ablenken von den Wänden durch interne Raumbildung ist nur eine Methode, um den Zwingercharakter des Gartens zu bannen. Gleichzeitig werden Wände und Mauern geschickt genutzt für weiteres Grün durch Kletterpflanzen und Spalierobst, aber auch für dekorative Spaliere und Accessoires, die mit ihrem Flair das grüne Domizil rund ums Jahr wohnlich und atmosphärisch bereichern.

Wenn sich Nachbarn von Reihenhäusern gut verstehen, verhelfen gemeinsame, grenzüberschreitende Beete schmalen Gärten zu erstaunlicher Weite. Ein zierlicher Metallzaun mitten durch das Beet wird dann für beide Seiten zum charmanten Schmuckelement, das dennoch den Zutritt verwehrt.

Weitere Ideen für Grenzgestaltungen

Besitzer kleiner Gärten müssen bei der Wahl ihrer Grenzen in gewissem Sinn eine Gradwanderung bewältigen zwischen massiven, einengenden Einfassungen, wie geschlossenen Zäunen, Mauern oder Schnitthecken, die Sicht- und Lärmschutz oder – in Meeresnähe und windiger Höhenlage – auch Windschutz gewähren, sowie zwischen durchlässigen Grenzlösungen, die mehr optische Kommunikation zwischen Garten und Umfeld ermöglichen und den Garten dadurch weniger klein erscheinen lassen. Oberste Priorität haben jedoch stets die zweckdienlichen Aspekte wie Sicht-, Lärm- und Windschutz, für die eine bauliche Form gefunden werden sollte, die zu Haus und Umgebung passt, wenig Platz beansprucht und den Garten nicht durch übermäßige Höhe und Wuchtigkeit erdrückt. Sind diese Rahmenbedingungen erfüllt, geht es darum, sie harmonisch in den Garten einzubinden und zu nutzen.

Platzsparende Garteneinfriedungen

- ▷ Mauer (Sicht-, Lärm- und Windschutz)
- ▷ Durchbrochene Mauer (Sicht-, Windschutz)
- ▷ Sichtschutzzaun (Sicht-, Windschutz)
- ▷ Begrünte Rankwand oder Pergola mit berankten Spalieren (Sicht-, Windschutz)
- ▷ Immergrüne Schnitthecke (Sicht-, Lärm- und Windschutz)

Oben: *Eine Bank im Schatten von Hecke oder Mauer benötigt nur eine kleine Grundfläche und mutet besonders verwunschen an, wenn sie auch seitlich von Pflanzen begleitet wird.*

Mitte: *Beranken Kletterpflanzen Mauer oder Wand, entsteht darunter ein lauschiger Laubenplatz.*

Unten: *In kleinen Hanggärten verbreitet eine ein- und ausgebuchtete Stützmauer die Wohlfühlatmosphäre eines abgesenkten Sitzplatzes und präsentiert die Pflanzen in Augenhöhe.*

Die Grenzen in den Garten integrieren

Der Rahmen kleiner Gärten muss sorgfältig konzipiert werden, denn er soll nicht nur Außeneinflüsse abschirmen, sondern ist auch aufgrund der geringen Grundstücksgröße zumindest teilweise immer im Blickfeld. Im Gartendesign übernimmt er die Funktionen von Rahmen und Hintergrund zugleich.

Hier einige wichtige Gestaltungsaspekte:

- Längere Mauern, Schnitthecken oder Zäune sollten mit ihren Höhen- und Bodenkonturen nicht schnurgerade verlaufen. So können Mauerkronen höhenvariabel oder bewegt gestaltet werden, Zäune und Rankwände einen bogenförmigen oder stufigen Abschluss erhalten, auch Hecken lassen sich auf fließende Höhenkonturen trimmen. Auf dem Boden sollte man die architektonische Linienführung, die den kleinen Garten ebenfalls abzirkelt, mit einer Unter- oder Vorpflanzung von Sträuchern oder Stauden überspielen.
Absprachen mit den Nachbarn führen oft zu noch besseren Lösungen. Statt einer schnurgeraden Grenzbebauung können Mauern, Zäune oder Hecken die Grenze umschwingen, in räumlich versetzten Segmenten oder in einem abgeflachten Mäandermuster verlaufen, so dass sich auf beiden Seiten Nischen oder Einbuchtungen für reizvolle Bepflanzungen, Sitzplätze oder Wasserbecken ergeben.
- Fassaden, Mauern, hohe Zäune und Sichtschutzwände dominieren und unterdrücken häufig die lebendige Pflanzenwelt kleiner

Gärten. Begrünt man sie jedoch mit Kletterpflanzen, scheint der Garten über seine Grenzen hinauszuwachsen.

- Kurze Mauern, wie man sie häufig in Reihenhausgärten als seitliche Flankierung der Terrasse findet, sollten nie unvermittelt abbrechen. Sie wirken hingegen malerisch mit dem Garten verknüpft, wenn sie ein Strauch umspielt oder wenn ihre Vorderkante einen Bogen beschreibt, der in einem Akzent wie einer Säule mit Kugel oder Schale ausläuft.
- An Fassaden, Garagen-, Gartenmauern und Formhecken können sich auch Sitzplätze anlehnen und von dort Rückendeckung erhalten. Die Hecken sollten aber trotz Mobiliar für Pflege- und Schnittarbeiten zugänglich bleiben
- Auch Wasser lässt sich gut mit baulichen Grenzgestaltungen verknüpfen. Es kann aus Wandbrunnen, Wasserspeiern oder Rinnen aus Hauswand oder Mauer hervortreten und wird in kleinen Becken aufgefangen. Bei Lärmschutzmauern übertönt man gerne mit solch fröhlichem Plätschern den Verkehrslärm.

Lauben als Ecklösung

Während sich gerade Randpartien gut für Bänke oder Lauben eignen, bieten überdachte Gartenecken einer ganzen Sitzgruppe Platz und Sichtschutz. Dazu eine Pergola errichten, die sich aus der Ecke heraus nach vorne fächerförmig öffnet und deren halbkreisförmig angeordnete Pfetten auf mindestens vier vorderen Stützen aufliegen.

Während Sitzplätze in uneinsehbaren Grenzbereichen oder an seitlichen Gartenpartien häufig den verwunschenen Charakter abgelegener Schattenplätze besitzen, sollte man Sitzplätze, die an der Stirnseite des Gartens immer im Blickfeld von Haus und Terrasse liegen, zum Blickfang inszenieren. Den frontalen Zugang zur romantischen Bank unterm Rosenbaldachin zelebrieren hier Buchskugeln in symmetrischer Formation.

Oben: *Die blau gestrichene Hauswand würzt die Situation mit einem Hauch mediterraner Lebensfreude und setzt die zarte Kletterrose sowie den kleinen Topfgarten mit seinen zierlichen Blüten sinnenfroh in Szene.*

Mitte: *Die Eintönigkeit langer Schnitthecken vermag auch ein Anlehnrosenbogen aufzulockern. Steht genug Platz zur Verfügung, kann er zum Laubengang erweitert werden.*

Unten: *Die Girlanden der blauen Clematis heben sich erfrischend von der alten Klinkermauer ab und veranstalten zusammen mit den reizenden Topfpflanzen ein kleines Blütenevent.*

Die Gartengrenzen attraktiv gestalten

Damit dass die Einfassungen kleiner Gärten weder zu hoch noch zu gleichförmig sein sollten, ist es jedoch noch lange nicht getan. Eine Schneise am westlichen Randbereich des Gartens eröffnet dem weichen goldenen Abendlicht einen malerischen Zugang und dem Auge einen Blick ins Weite. Auch durch fantasievolle Kleinarchitekturen und Accessoires vermögen Randpartien und dunkle Ecken sich in neuem Glanz zu präsentieren. Spaliere oder kunstvolle Treillagen verhelfen Garagenwänden, Fassaden und Mauern zu einem noblen Auftritt. Sie können sich zusätzlich einem Farbthema widmen, das mit den Pflanzen harmonische oder kontrastreiche Farbspiele eingeht. Dunkle Ecken und dämmrige Bereiche gewinnen durch Weiß oder Pastelltöne neues Leben.

Malerische Reliefs oder Mosaiken, die in Wände eingelassen werden, tragen einen Hauch von Poesie in die kleine florale Welt.

Spezialeffekte für Schnitthecken

- ▷ Hecke von Clematis, Geißblatt *(Lonicera)* oder Ramblerrose partiell überwuchern lassen
- ▷ Dem Garten Weite verleihen, indem man Fenster oder Durchblicke in die Hecke schneidet
- ▷ Höhenvariable Gehölze und Stauden zur Auflockerung davor pflanzen
- ▷ Skulptur, Vogeltränke oder einen anderen Gartenschmuck vor der Hecke als hellen Blickfang einsetzen, eventuell mit Rosenbogen umkränzen

Farbig gestrichene Wände und Mauern können unifarben sowie mit Motiven oder Mustern einzelne Randbereiche des Gartens beleben. Vor allem in Terrassen- oder Sitzplatznähe wird man heitere Wandmalereien sehr genießen können.
Nostalgische Ziergitter und andere schmiedeeiserne Arbeiten vom Flohmarkt, die wie transparente Bilder in frei stehende Gartenmauern eingelassen wurden, sind nicht nur markante Blickfänge. Sie sollten auch an Stellen installiert werden, wo der Blick unverstellt in die Umgebung schweifen kann. Dann werden sie zu Vermittlern zwischen Drinnen und Draußen und verhindern, dass das kleine Gartenreich völlig abgeschottet erscheint.

Nützliches an der Wand lang

Mauern und Wände oder der geschützte Platz davor bieten sich für allerlei Zweckmäßiges an.
Gaumenfreuden auf kleinstem Raum. Die schlanken Ruten der Himbeeren gedeihen vor Hecken oder Mauern ebenso wie die romantischen Beerenhochstämmchen. Brombeeren lassen sich gar an Wänden, Bögen oder frei stehenden Spalieren ziehen, werden im Wuchs jedoch noch von Wein und Kiwis übertroffen. Auch Gemüse und Kräuter gedeihen in sonnigen Beeten vor Hecken oder Mauern.
Gerätehäuschen und Pavillons, die sich an Mauern oder in Ecken schmiegen, haben eine lange Gartentradition und bieten in Kleingärten stilvoll gepflegte Aufbewahrungsmöglichkeiten.

Oben: *Vor der Flechtwand gedeihen bunte Salate und Zucchini ebenso prächtig wie das grüne Federvieh aus Buchs.*

Mitte: *Körbe voll süßer Aprikosen schenkt diese Hauswand ihrer Besitzerin. Die wärmespeichernde Fassade lässt das Obst am Spalier so prächtig gedeihen, dass sie selbst dahinter fast verschwindet und wie durch Laubvorhänge den Garten zum grünen Reich kürt.*

Unten: *Ordnung ist das halbe Leben, sagt das Sprichwort. Aber nicht nur drinnen, sondern auch außen sollten Gerätehäuschen in kleinen Gärten kein Schandfleck sein. Dieses hier ziert mit schlichtem, doch gepflegtem Outfit die Backsteinwand. Weniger ansehnliche Häuschen oder Pavillons können jedoch auch mit den Blütenranken von Kletterrosen, Clematis oder Geißblatt zu märchenhaften Gartenmotiven werden.*

Oben: *Wem Rankwände mit solch transparentem Dornröschenzauber an der Gartengrenze zu wenig Abgeschirmtheit gewähren, kann sie innerhalb des Gartens als Raumteiler einsetzen.*

Unten: *Flechtwände aus Weiden- oder Haselruten verbreiten ihr ländliches Flair über eine Lebensdauer von acht bis zehn Jahren.*

Materialien, Strukturen und Stil

Ob Lattenzaun, Bambusgitterzaun oder Betonmauer, jeder Grenzgestaltung haften durch ihr Material und dessen Verarbeitung stilistische Eigenschaften an, die sie für jeweils ganz bestimmte Gärten prädestinieren. So wirken Holzzäune mit Palisaden oder Brettern recht rustikal, während weiß lackierte, bogig geschwungene Bretterzäune mit senkrechten Latten oder zierlich ausgeschnittenen runden oder rautenförmigen Fenstern sehr elegant erscheinen. Zäune mit dominierenden Mustern, wie manche Flechtzäune oder diagonal verarbeitete Lattenzäune sollten nie große Teile eines kleinen Gartens umsäumen.

Dies gilt auch für Mauern, bei denen jedes Material, ob Ziegel, Bruchstein, behauener Naturstein oder Betonstein in unterschiedlichen Verbänden seine eigene Ausstrahlung besitzt. Betonplatten und gegossener Beton können zu modernen Mauern verarbeitet werden und fügen sich wie noch minimalistischere Gestaltungen, zum Beispiel satinierte Glasscheiben in Aluminiumrahmen, hervorragend in ein sachlich-modernes Ambiente ein.

Durchbrochene Grenzen

Reizvoll sehen auch durchbrochene Mauern aus Ziegeln, Ornamentsteinen oder Firstpfannen aus, die alle ein eigenes Muster wiedergeben und verspielte Kombinationen mit Pflanzen eingehen können. In kleinen Gärten, in denen an einer Seite kein völliger Sicht- oder Lärmschutz nötig ist, vermitteln sie eine verspielte Leichtigkeit.

Einen attraktiven Mittelweg zwischen Abschirmung und Aufgelockertheit schlagen Mauer-Zaun-Kombinationen ein. Massive, edle Treillagenteile, Rankwände mit medaillonartigen Fensterausschnitten oder reizvolle Schmiedeeisengitter können – je nach Sichtschutzbedarf – auf niedrige oder höhere Postamente zwischen Mauerpfeilern oder -teilen eingefügt werden und bieten neben Spritzschutz von der Straße auch eine anmutige Grenzlösung.

Pergolen im Garteninneren vermögen, wie Marjolyn Weijers bewiesen hat, von beengenden Gartengrenzen abzulenken. Mit Spaliergittern oder nostalgischen Rankwänden können Sie auch über Bänken lauschige Kabinette errichten.

Ein kleiner Garten erlebnisreich gestaltet

Wer den nicht mal 100 Quadratmeter großen Stadtgarten von Janny und Frits Duijnhouwer gesehen hat, wird den Begriff »Problemzone« aus seinem Wortschatz streichen. Eine Problemzone bot sich zwar den Gartenliebhabern, als sie vor elf Jahren Haus und Grund erwarben. Statt einer grünen Oase erwartete sie nämlich eine schlauchförmige Parzelle, die von mannshohen Mauern begrenzt war, die sie zudem weitgehend verschattete. Aber davon ließen sich die neuen Besitzer nicht entmutigen. Vielmehr verstanden sie es, durch fantasievolle Unterteilung, die richtigen Pflanzen und eine Vielfalt an Details den Minigarten so facettenreich zu beleben, dass er weitaus größer erscheint.

In einer Gartenpassage auf Entdeckungstour

Not macht erfinderisch – wer's nicht glauben will, findet im schmalen Garten von Familie Duijnhouwer den Realität gewordenen Beweis. »Ein Glück, dass wir in unserer niederländischen Region Zeeland vom Meer begünstigt sind«, freuen sich die Pflanzenliebhaber, deren ummauertes Idyll sichtlich von der hohen Luftfeuchte und den Niederschlägen profitiert. Kein Wunder, denn Feuchte und Schatten sind eine Kombination, für die ein großes Repertoire von Pflanzen zur Verfügung steht.

Futter für die Fantasie

Es sind jedoch nicht allein die Pflanzen, die es Janny und Frits Duijnhouwer ermöglichten, die Begrenztheit ihres Reihenhausgartens optisch zu sprengen. Ihr wesentliches Gestaltungsrezept lautet: Vielfalt bringt Weite! So paradox dies räumlich betrachtet klingen mag, unserer Vorstellungswelt erscheint ein Raum, der viel zu entdecken bereit hält, immer größer als er tatsächlich ist. Wer im perfekt gestalteten Garten Duijnhouwer auf Erkundung geht, kann lernen, dass es jedoch nicht darum geht, einen Raum beliebig »vollzustopfen«, sondern dass dies nach den klassischen Regeln von Optik und Perspektive geschieht.

Immer an der Wand lang

So minimal die Gartenfläche selbst ist, die Mauerflanken sowie die Hausfassade bieten jede Menge Platz für Kletterpflanzen. Da sie sich zumindest im unteren Bereich selbst beschatten, fühlen sich hier vor allem Kletterhortensien *(Hydrangea anomala* ssp. *petiolaris)*,

Oben: *Das Auge benötig Zeit, um all die vielfältigen liebevollen Details, wie das in die Mauer integrierte Relief, zu entdecken. Die lange Zeit des Betrachtens suggeriert dem Vorstellungsvermögen aber einen größeren Gartenraum.*

Unten: *Eine ausgediente Leiter verhilft Topfpflanzen zum Aufstieg, während die hellen Blütenbälle einer Hortensie die Schattenecke illuminieren. Ein altes Wagenrad ergänzt das Stillleben mit Flair und Form.*

Efeu *(Hedera helix)*, Geißblatt *(Lonicera)* und Clematis wohl. Allein über 30 anmutige Clematis-Sorten, die den Fuß lieber im Schatten, den Kopf hingegen gerne in der Sonne haben, überraschen vom Frühsommer bis in den Herbst an unterschiedlichsten Stellen mit einem farbenprächtigen Blütenmeer. Dort, wo mehr Sonne hingelangt, dürfen an Spalieren und Pergolen auch duftende Kletterrosen ihren Zauber verströmen.

Janny Duijnhouwer ließ sich jedoch noch weitere Möglichkeiten einfallen, die Mauern zu nutzen. An der Terrasse (Bild Seite 75) wie in einzelnen Ecken der »Gartenzimmer« frönt sie ihrer Leidenschaft, der Topfgärtnerei, wo sie ihre grünen Lieblinge etagenweise auf Leitern, Stellagen oder Tischen zu malerischen Stillleben gestaffelt arrangiert.

Aus der optischen Trick-Palette ziehen die beiden Gartengestalter hie und da noch weitere Überraschungen wie ein die Mauer krönendes, barock anmutendes Relief, das den Blick nach oben leitet und die Fantasie beflügelt.

Lieblings-Clematis der Gartenbesitzer

- ▷ ›Blue Boy‹ (silbrig-blaue Sorte von *Cl. integrifolia*)
- ▷ ›Cardinal Wyszynski‹ (karmesinrote Hybride)
- ▷ *Clematis macropetala* (blauviolette botan. Art)
- ▷ ›Duchess of Albany‹ (rosa, tulpenförmig, Cl. tex.)
- ▷ ›Purpurea Plena Elegans‹ (purpurviolett, Cl. vit.)
- ▷ ›Rouge Cardinal‹ (rote Hybr. mit Herbstfärbung)
- ▷ ›Venosa Violacea‹ (violettes Farbspiel, *Cl. viticella*)

Dem Blütenreichtum und lockeren Wuchs von Kletterrosen und Clematis stellen die Gartenbesitzer die ruhigen Flächenpartien von Pflaster und Teich sowie die statischen Kugelakzente der Buchskübel gegenüber.

Oben: *Im Juni/Juli ist ein Gartenraum in die lichten Töne von Goldgeißschlinge* (Lonicera x tellmanniana) *und Kletterhortensie gehüllt.*

Rechte Seite: Wilder Wein (Parthenocissus quinquefolia) *erobert mit Clematis eine Pergola und begeistert im Herbst nochmals mit flammend roter Laubfärbung. Ihm zu Füßen säumen schmale Staudenbeete den Weg.*

Unten: *Auf der Terrasse am Haus greift ein gemauerter Brunnen die Form des Klinkerrondells nochmals auf.*

Pergolen als Kulissen der Raumbildung

Um den Bandcharakter des 22 Meter langen Grundstücks aufzulösen, unterteilte es Frits Duijnhouwer quer mit drei Pergolen, die jeweils drei Viertel der Grundstücksbreite von 4,5 Meter überspannen. So entstand eine Suite von vier hintereinander liegenden, annähernd quadratischen Gartenzimmern, deren Durchgänge jedoch nicht auf einer Achse, sondern leicht versetzt liegen. Das Ergebnis ist ein lebendig erscheinender, mal freier, mal überdachter Weg, der auf raffinierte Weise die Neugier weckt, da man die Tiefe des Gartens eher erahnt als auf einen Blick erkennt. Die Funktion des Wegweisers durch den Garten übernimmt ein Klinkerweg, der sich als einheitliche Leitlinie durch das kleine Paradies zieht, wobei er sich in jedem Gartenraum zu einem kleinen Platz verbreitert. Dem ersten Gartenraum, der Terrasse am Haus, folgt ein Teichgarten. Der dahinter liegende Blumengarten ist nur über eine Brücke zu erreichen. An ihn schließt sich ein weiterer Sitzplatz mit Blumenbeeten an, der von dem am Gartenende liegenden Gartenhaus begrenzt wird.

Abwechslungsreiches Flächendesign

Das Design dieses Gartens spielt auch mit dem optischen Kontrast von Pflanzenverdichtung und großzügig wirkender Weite. Während die üppige Pflanzenverwendung vorwiegend die Vertikale und den Fuß der Kletterpflanzen nutzt, wird der Eindruck der Weite durch horizontale Flächen erreicht. Der einheitliche Klinkerbelag intensiviert diese Absicht, indem der quer verlegte Reihenverband des Weges auf den Plätzen jeweils in Kreise übergeht und somit zusätzliche Prägnanz und statische Ruhe vermittelt. Auch der Wasserspiegel des Teiches und der markante Steg halten das Zentrum des Gartens luftig und weit und bieten mit neuen Materialien gleichzeitig neue Sinneseindrücke.

Akzente und liebevolle Details

In jedem der vier Gartenräume lässt ein kleiner Sitzplatz den Garten aus einem anderen Blickwinkel neu erleben, indem er jeweils andere Gartenelemente und Pflanzen in die Nähe oder in die Distanz rückt. Kleine Topfarrangements, Gartenschmuck, eine spiegelnde Wasserfläche und reizvolle Staudenbeete längs der Wege ziehen die Aufmerksamkeit auf sich und lenken die Blicke immer wieder in neue Richtungen, sodass dieser Garten en miniature voller Überraschungen erscheint.

Ein Großteil des Gestaltungsrepertoires für kleine Gärten wird hier vorbildlich verwirklicht: Spalierwände als Raumsegmente, ein gewunderer Weg, Pflanzen in Beet und Kübel sowie ein zierlicher Sitzplatz bereichern den Garten, während ihm der Bodenbelag durch Farbe, Material und Flächigkeit Ruhe und Struktur verleiht.

Weitere Attraktionen für kleine Gärten

Ein kleines Gartenreich voller bezaubernder Eindrücke zu entwerfen bedeutet nicht, es mit Gartenschmuck zu überladen. Zugegeben: Seele und Sinne verlangen nach Abwechslung. Gestalter kleiner Gärten sollten deshalb eine Vielfalt an Gartenelementen und Pflanzen in ihr Konzept aufnehmen. Mindestens ebenso wichtig ist es jedoch, sich gleichzeitig ein gewisses Maß an Zurückhaltung aufzuerlegen, damit der Garten nicht zu einem verwirrenden Sammelsurium wird. Je abwechslungsreicher die Elemente und Formen sind, desto ruhiger sollten zum Beispiel die Farben gewählt werden. Umgekehrt empfiehlt es sich, in einen farbenfrohen oder musterreichen Gar-

Vielfalt innerhalb des Gartens garantieren:

- ▷ Raumteiler wie Schnitthecken, eingeschobene Spalierwände, Sträucher und Kleinbäume
- ▷ Durchgänge wie Pergolen, Bögen, Laubengänge
- ▷ Höhenmodulationen wie Plateaus in unterschiedlichen Höhen, Hügel, Absenkungen
- ▷ Wege mit Richtungs- und Blickwechsel
- ▷ Interessante Bodenbeläge
- ▷ Sitzplätze, Lauben oder Pavillons
- ▷ Gartenschmuck
- ▷ Wasser in unterschiedlichster Form
- ▷ Pflanzenreichtum

Oben: *Schöne Dinge beflügeln die Sinne und heben die Lebensqualität. Inmitten des Ostergeläuts der Narzissen erzählt der üppige tonfarbene Früchtekorb bereits von sommerlichen Genüssen.*

Mitte: *Dieses Arrangement lebt vom Kontrast der Texturen. Die glatten Oberflächen der klassischen Tonvasen und die nach Honig duftenden Blütenwolken des Frauenmantels* (Alchemilla mollis) *unterstreichen sich gegenseitig in ihrer Wirkung.*

Unten: *Viel Schwein hat hier das Filzige Hornkraut* (Cerastium tomentosum *var.* columnae), *das zum Lager eines munteren Ferkelwurfs wurde, an dem man garantiert nicht blicklos vorübergeht. Die flächige Steinplastik bildet einen fröhlichen, plakativen Akzent inmitten der kleinblütigen Polsterstaude.*

ten durch »große« Flächen (zum Beispiel durch Rasen, einen Wasserspiegel, ruhige Beläge) oder durch markante, schlichte Formen Ruhe hineinzutragen. In kleinen Gärten fallen Gestaltungsfehler schnell ins Auge. Sie verlangen deshalb eine besonders sensible Ausgewogenheit von Vielfalt und Ruhepolen, und – was im Garten Duijnhouwer so geschickt gelöst wurde – eine feinsinnige Gratwanderung zwischen Verdichtung einerseits und Weite andererseits.

Das Fluidum schöner Accessoires

Im kleinen Garten sollte man auf keinen Fall auf Gartenornamente verzichten, die ihn mit Farbe und Form, aber auch atmosphärisch beleben. Sind sie frostfest, vermögen sie im Unterschied zu Pflanzen den Garten rund ums Jahr in Szene zu setzen.

Ganz gleich ob Kugel, Säule, Amphore, Vase, Pflanzgefäß, Tier- oder Menschenplastik, Pinienzapfen, Säule, Obelisk, Sonnenuhr, Vogeltränke oder abstraktes Kunstwerk: wichtig ist, dass die Dekorstücke in Stil, Material, Farbe und Proportionen zu ihrer Umgebung passen. Nur in streng formalen, einfarbig grünen Reichen, dürfen kunterbunte Formen und Farben Einzug halten. Ist der Garten jedoch lebhaft bepflanzt, erweist sich eine Reduktion der Farben und Materialien meist als Vorteil. Manche Materialien sind allerdings kompatibel und lassen sich auch in kleinsten Bereichen gut kombinieren ohne Unruhe zu verbreiten. Ähnliche

Farbimpressionen vermitteln zum Beispiel erdfarbene Klinker mit Terrakottagefäßen und Schmuckelementen aus Ton oder mit Rostpatina – oder Granitbeläge mit hellgrauen Gefäßen und Dekor aus Steinguss.
Gartenschmuck ist ein variantenreiches Mittel der Gestaltung. Er beansprucht oft inmitten von Pflanzen keinen zusätzlichen Platz, während er gleichzeitig den Blick in die Höhe oder zum Boden lenkt und dabei auch unscheinbare Pflanzen ins Blickfeld rückt. Vor allem in frei gestalteten Gärten wird man diese erlesenen Elemente malerisch von Pflanzen umspielen lassen, während sie in Gärten mit formalem Schwerpunkt gerne als Fluchtpunkt einer Blickachse oder als Zentrum eines Wegkreuzes auch ohne Pflanzenbegleiter brillieren dürfen.

Nützliches als ästhetische Highlights

Jeder Garten gewinnt, wenn auch nützliche Elemente malerischen Reiz besitzen. Dies gilt für kleine Gärten, in denen jedes Detail zählt, umso mehr. So sehen Rosen an nostalgischen Rosenstäben oder kunstvollen Obelisken besser aus als an Bambusstäben, wird eine weiß oder blau gestrichene Bank eher zum Blickfang als eine in Naturholztönen, verleihen edle Gefäße ganzen Gartenpartien Charme.

Gestalten mit Pflanzen und Accessoires

▷ Weiße oder helle Accessoires illuminieren dunkle Bereiche und heben abgelegene Ecken hervor
▷ Farbige Objekte machen das ruhige Grün von Schnitthecken oder abgeblühte Beete interessanter
▷ Einfarbige oder großflächige Elemente verleihen kleinteiligen Blüten und Blättern einen Schwerpunkt

Mit trutziger Selbstverständlichkeit bewachen die originellen, modernen Fabelwesen ihr vorwiegend in Grüntönen gehaltenes Reich und verleihen ihm bei Wind und Wetter eine Prise Humor und Poesie.

Ein kleiner Garten voll inszenierter Illusionen

Man betritt nie zweimal den gleichen Garten, heißt es so schön. Bei Renate Hendriks-Müller bewahrheitet sich das nicht nur durch den Wandel der Jahreszeiten. Die passionierte Gärtnerin hat ihren etwa 300 Quadratmeter großen, hinter dem Haus liegenden Garten schon mehrfach in grundlegenden Strukturen und Details umgestaltet – eine Möglichkeit, um auf kleinem Raum immer wieder neue Ideen verwirklichen zu können. Zu diesen zählen auch bewährte Kunstgriffe wie gestaffelte Bepflanzungen (oben), *illusionäre Spiegelungen* (linke Seite) *und perspektivisch gestaltete Blickachsen, die räumliche Tiefe und Weite im Garten simulieren.*

Ein Grachtengarten mit dramaturgischer Blickführung

Oben: *Von der erhöhten Terrasse am Haus kann der Blick über den Garten zum Wasser schweifen.*

Unten: *Bei Wind kann man sich auf die seitenverglaste Veranda des Hauses zurückziehen.*

Der Tradition verpflichtet

Schon zu Barockzeiten im 17. und frühen 18. Jahrhundert waren die niederländischen Grachtengärten kleine ornamentale Preziosen, deren figürlich oder geometrisch formierte Buchs- und Eibenbäumchen ebenso wie formale Schmuckbeete, antikisierende Steinfiguren oder Sonnenuhren, Pavillons und seltene Pflanzen in Kübeln der Repräsentation ihrer Besitzer dienten. Im späten 18. Jahrhundert hielten dann miniaturisierte Elemente des englischen Landschaftsgartens wie romantisch geschwungene Wege, Rasenflächen und größere Bäume Einzug in die Grachtengärten. Viele der heutigen Gartenlösungen gehen auf Mien Ruys, die Grande Dame der neuen niederländischen Gartengestaltung zurück, die bevorzugt in kleinen geometrischen Gartenräumen mit lebendigen Pflanzenstrukturen und -texturen sowie mit unterschiedlichsten Materialien experimentiert. Ganz in dieser Tradition scheint auch der Garten von Renate Hendriks-Müller zu stehen, den sie selbst einen »romantischen formalen Garten« nennt.

Form und Freiheit

Als Renate und Wim Hendriks-Müller vor nicht ganz 25 Jahren die Villa im malerischen Zentrum von Oostvoorne kauften, befand sich anstelle des Gartens eine Wildnis hinter dem Haus. Während der Aufräumarbeiten nahm vor ihrem inneren Auge das Konzept eines romantischen Gartens Gestalt an mit Stauden,

Rosen und Gehölzen rund um eine zentrale Rasenfläche. Den anfallenden Bauschutt nutzte man dazu, die Terrasse am Haus um einen weiteren Meter zu erhöhen, sodass der Blick noch freier über den leicht abfallenden Garten schweifen kann. Auf »Schlingerkurs« zwischen Versuch und Irrtum, erzählt Renate Hendriks-Müller schmunzelnd, sei sie zu ihrem heutigen Erfahrungsschatz gelangt. Ein Lernprozess, der sie immer wieder zu Umgestaltungen des Gartens veranlasste, so auch zur heutigen Synthese zwischen formalen und frei gestalteten Gartenräumen. Von der großen Terrasse am Haus führt als zentrale Mittelachse ein schnurgerader, selbst verlegter Klinkerweg hinunter zum runden Plateau des malerischen Sitzplatzes am Wasser. Rechts und links flankierte ihn die Gartenliebhaberin mit Eibenhecken und einer immergrünen Skulpturengalerie aus Buchs, Liguster und Kirschlorbeer, in die sich dekorative Accessoires und ein weiterer kleiner Sitzplatz harmonisch einfügen. »Hier«, erklärt sie lachend, »wird der Kaffee nicht mehr kalt, weil ich nicht mehr ständig aufspringe, um in den nun hinter Hecken verborgenen Gartenteilen etwas zu richten.«
Neben diesem immergrünen stilisierten Boulevard befinden sich verwunschene Gartenzimmer in frei gestaltetem Design.

Zu allen Jahreszeiten wirkt der immergrüne Formenreichtum der kunstvoll getrimmten Gehölze belebend und beruhigend zugleich. An Ende des Weges schmiegen sich zu beiden Seiten in den Schutz halbrunder blickdichter Hecken zwei weitere Sitzplätze.

Einen Grundsatz perspektivischen Illusionsdesigns führt dieser ans Wasser vorgeschobene Sitzplatz vor Augen: Wenn das Blickziel – in diesem Fall die Wasserfläche – zum Teil von Pflanzen verdeckt ist und sich hinter diesen befindet, erscheint der Garten größer.

Der Fantasie ein Schnippchen schlagen

In den frei gestalteten Gartenpartien führen geschwungene Klinkerwege zu einem blauen Sitzplatz unter Bögen mit duftenden Rosen und Glyzinen sowie zu einer dicht mit Efeu umrankten Alkovenlaube (Bild Seite 84), in deren Rückwand ein Spiegel dem Betrachter einen Durchblick in einen weiteren Gartenraum vorgaukelt.

Mit diesem traditionsreichen Gag, mit dem auch Spiegelkabinette in Schlössern imposante Größe simulieren, gibt sich die findige Gartenfreundin jedoch nicht zufrieden. Sie nutzt auch die vorgegebene Situation des abfallenden Geländes und steigert sie mit immergrüner Topiary zur markanten Blickachse, wohl wissend, dass ein in Blickrichtung fallendes Gelände an Weite gewinnt. Dieser Eindruck wird verstärkt durch das formenreiche Hintereinander der etwa 35 formierten Gehölze in ihren Kübeln und den reizvollen Gartenornamenten dazwischen, deren gestaffelte Abfolge die räumliche Tiefenwirkung intensiviert.

Lieblingsrosen der Gartenbesitzerin

- ›Pink Cloud‹ (öfterbl. Rambler, rosa)
- ›Veilchenblau‹ (Rambler, violett mit weißem Auge)
- ›Bantry Bay‹ (öfterbl. Kletterrose, hellrosa)
- ›New Dawn‹ (öfterbl. Kletterrose, weißlich-rosa)
- ›Gertrude Jekyll‹ (öfterbl. Strauchrose, rosa)
- ›Betty Prior‹ (Beetrose, karminrosa)
- ›Bonica '82‹ (Beetrose als Hochstamm, rosa)

Verschmälert man den grün gesäumten Hauptweg an seinem Ende durch minimales Zusammenrücken der Töpfe, scheint der anschließende Sitzplatz in noch größere Entfernung zu rücken.
Geschickt bezieht Renate Hendriks-Müller auch die an den Garten grenzende Wasserfläche in die Gestaltung ein, auf die sie alle Aufmerksamkeit fokussiert. Nachdem der Blick durch die Hauptachse und ihre grünen Attraktionen förmlich geschleust wurde, erreicht er am Sitzplatz nur vordergründig sein Ziel, denn dahinter gewährt das Wasser nicht nur einen pittoresken Hintergrund, sondern suggeriert gleichzeitig großzügige Weite. Auf kleinem Raum möglichst viele Blickbeziehungen herzustellen, die Größe und Weite simulieren, lautet eines der brillanten Rezepte der Gartenbesitzerin.
Auch im romantischen Gartenteil fällt immer wieder die lockere Hintereinanderabfolge und vertikale Staffelung der Pflanzen auf, gleichfalls ein Trick, der perspektivische Räumlichkeit bewirkt.
Mit Bögen, die den Blick verstellen und träge schlängelnden Wegen, deren Ziel ungewiss bleibt, erzielt Renate Hendriks-Müller weitere Täuschungen der Fantasie, die dahinter Gartenräume imaginiert. »Es stimmt schon«, bestätigt sie lächelnd, »dass ein Garten von 300 Quadratmeter für ein ganzes Leben ausreichen kann!«

Oben: *Damit das strahlende Blau der nostalgischen Eisensitzgruppe nicht zu laut zwischen den Pflanzen dominiert, beschränkt sich die Gestaltung auf eine Form. Das Rund der Rosenbögen findet sich wieder bei Tisch- und Sitzflächen des Mobiliars sowie im Klinkerrondell des Belags.*

Unten: *Gestaffelte Attraktionen entlang des Weges wie Rosen und Amphore verführen zum Erkunden.*

Weitere illusionäre Finessen

Mit einigen optischen Tricks lässt sich unsere Wahrnehmung überlisten zugunsten von Sinnestäuschungen, die dann die Regie in der Wirklichkeitsbeurteilung übernehmen. In Bezug auf kleine Gärten ist dies ein Glücksfall, den man gestalterisch nutzen sollte. An den Gartengrenzen heißt das illusionäre Zauberwort Überwindung der Enge durch Transparenz in Form von faktischen oder fiktiven Durchgängen und Durchblicken. Aber auch für das Garteninnere gibt es optische Gaukelspiele, die es größer erscheinen lassen.

Trügerische Spiegelbilder

Der geschickte Einsatz von Spiegeln kann kleine Gärten auf die wohl raffinierteste Weise vergrößern, wenn man sie nutzt, um Mauern zu »öffnen«. Die Spiegel vermögen sowohl Durchblicke wie Durchgänge vorzutäuschen. Sein und Schein gehen vor allem dann un-

Möglichkeiten für illusionistische Spiegel

- ▷ In oder hinter Spalieren und Treillagen
- ▷ In Trompe-l'œil-Malereien
- ▷ In oder hinter Rahmen von Türen oder Fenstern
- ▷ In Bögen, Pergolen
- ▷ In Heckenfenstern oder zwischen Schnitthecken
- ▷ In Lauben oder Laubengängen
- ▷ Am Ende eines Wasserbeckens, eines Teichs oder einer Wasserrinne

Auch mit relativ kleinem Aufwand lassen sich große Wirkungen erzielen. Ein schlichtes grün gestrichenes Holzspalier verkleidet die Gartenmauer. Doch selbst die erst zögerlich rankenden Kletterpflanzen binden sie bereits harmonisch in die Gartenwelt ein. Weg, Beete und Buchseinfassungen laufen auf das Spaliertor zu, das die Räumlichkeit eines Laubengangs andeutet, dessen Ziel ein eingelassener Spiegel suggeriert.

Oben: *Durchgänge und Durchblicke können durch subtile Gestaltung Gartenräumen noch größere Tiefe verleihen. Die kulissenartigen Buchenschnitthecken dirigieren mit charmanter Verbrämung von Funkien* (Hosta) *und reizendem Gartenschmuck Auge und Fuß zum dahinter liegenden Pavillon, der durch seine eigene transparente Plastizität Räumlichkeit doppelt erleben lässt.*

Unten: *Die gleiche optische Wirkung kann auch mit anderen Mitteln erreicht werden. Als Raumteiler fungiert in diesem Garten eine Buchenhecke mit Bogen, der Blick und Durchgang gewährt. Auch hier wird der Weg zur Blickachse, die in einen neuen Raum überleitet. Dieser erhält eine zusätzliche Tiefendimension durch die axial hinteinander liegenden Fixpunkte von Baum und Gartenplastik.*

lösbar ineinander über, wenn man sie hinter Elementen wie Spalieren oder in die räumliche Tiefe von Bögen oder Lauben installiert. Werden die Spiegel hinter Treillagen, Tür- oder Fensterrahmen eingebaut, überspielen meist die davorliegenden Elemente ihre Kanten. Nutzt man sie jedoch ohne Vorsätze, sollten immergrüne Pflanzen wie zum Beispiel Efeu ihre Kanten kaschieren, um die Illusion perfekt zu machen. Auf sehr reizvolle Weise können Spiegel auch kleine Wasserbecken vor einer Wand vergrößern, wenn sie zum Beispiel in einen angrenzenden Mauerbogen eingelassen werden. Durch eine geschickte Beleuchtung von Pflanzen oder Accessoires lassen sich auch nachts zauberhafte Effekte erzielen. Damit man lange Zeit Freude an diesen »Vorspiegelungen« hat, sollte man nur für den Außenbereich geeignete, witterungsbeständige Spiegel verwenden.

Spaliere und Treillagen

Edle Rankhilfen aus Holz oder Metall verhelfen nicht nur Kletterpflanzen zu üppiger Pracht, sie können auch kahle Gartenmauern und schmucklose Fassaden schön und dauerhaft verkleiden. Durch Spezialformen wie Pilasterspaliere, Halbbogen-Paare oder Torbögen strukturieren sie große Flächen und verleihen ihnen eine architektonische Plastizität, die sich noch steigern lässt, wenn man innerhalb der Bogenelemente einen Spiegel installiert. Dreidimensional gearbeitete Spaliere besitzen hin-

gegen auch ohne Spiegel eine räumliche Tiefenwirkung. Damit Kletterpflanzen sicheren Halt finden, sollten Spaliere immer mit Abstandshaltern von etwa 8 Zentimeter fixiert werden.

Durchgänge und Durchblicke

An Stellen, an denen Sichtschutz nicht erforderlich ist, können reale Öffnungen der Grenzen einen reizvollen Dialog mit der Umgebung ermöglichen. Innerhalb des Gartens wie an der Gartengrenze bieten Durchbrüche aber immer auch eine schmale Sicht in die Tiefe eines anschließenden Gartenzimmers und verführen dazu, eine oft gar nicht vorhandene Gartengröße anzunehmen.

Oben: *Laubengänge laufen in klassischen Gärten meist auf einen Blickfang zu. In kleinen Gärten kann man sie auch vor einer Mauer mit Spiegel errichten, wo sie dann geheimnisvolle Gartenbereiche zu eröffnen scheinen.*

Unten: *Wo keine Abschirmung nötig ist, bereichern dekorative Gitter mit Blick oder Durchgang in Nachbars Garten auch das eigene grüne Reich.*

Oben: *Das bis ans Haus vorgezogene Blumenmeer setzt sich an der Fassade durch Kletterrosen fort. Aber auch durch andere Kletterpflanzen verlieren bauliche Elemente den Charakter eines Fremdkörpers und werden Teil der vegetabilen Welt des Gartens, der seinerseits größer erscheint, wenn er sich der Architektur bemächtigen darf.*

Illusionsmalerei

Ähnlich wie Spiegel können auch räumliche Wandmalereien eine Erweiterung des Gartens vortäuschen, indem sie den Blick in eine ferne Landschaft schweifen lassen und dabei eine ganz bestimmte Atmosphäre erzeugen. So kann das Wandgemälde durch einen malerischen Ausblick auf weidende Kühe für ländliche Impressionen sorgen, ebenso aber den Blick auf eine mediterrane Szenerie, in ein viktorianisches Gewächshaus oder eine Wildnis gestatten. Besonders echt wirken Kombinationen mit realistischem Vordergrund, wie Pflanzen in Gefäßen, Treppenstufen, Bank oder Brunnen. Ein raffiniertes Ensemble bildet zum Beispiel eine Laube vor der Mauer, in deren Hintergrund eine geöffnete Türe gemalt ist, die einen weiteren Gartenteil vorgaukelt.

Weitere Trompe-l'œil-Effekte

Durch Überbetonung perspektivischer Gesetze lässt sich das Auge auch anderweitig täuschen.

- Lange schmale Elemente wie Wege, Rabatten oder Wasserrinnen, die sich nach hinten leicht verjüngen, suggerieren einen tieferen Raum. Wege können aber auch durch ihre Beläge – je nach Verbund – breiter oder länger erscheinen. Längs, zum Beispiel im Läuferverband in Richtung des Wegs verlegt, wirken Pflasterwege länger. Ein Verbund in Querbahnen hingegen verkürzt den Weg und lässt ihn breiter erscheinen.
- Tiefenwirkung erzielt auch, wer ein Vordergrundelement wie Kugelbäumchen, Vase, Obelisk oder groben Kies im Hintergrund in kleinerer oder feinerer Ausführung noch einmal wiederholt.

Pflanzen als Mittel optischer Vergrößerung

Auch Farben, Formen und Texturen von Pflanzen sind spezifische Wirkungen zu Eigen, die sich für optische Illusionsmalereien eignen.

- Großblättrige oder ausdrucksstarke Pflanzen und solche mit glänzenden Oberflächen oder groben Texturen wie zum Beispiel Funkien *(Hosta)*, Bergenien *(Bergenia)* oder Eichenblättrige Hortensie *(Hydrangea quercifolia)* wirken optisch nah, während Feinlaubige mit matten Oberflächen wie Farnherzblume *(Dicentra eximea)* oder Feinstrukturierte wie Riesenschleierkraut *(Crambe cordifolia)* den Hintergrund verschwommen, verschleiert und damit in größerer Distanz erleben lassen. Will man einen langen Garten hingegen verkürzen, kehrt man dieses Pflanzprinzip um.
- Das Gleiche gilt für Farben. Pflanzen in warmen Töne wie warmes Grün, Sonnengelb und Scharlachrot wirken optisch nah. In kleinen Gärten sollte man deshalb besser auf sie verzichten oder sie in geringer Anzahl und eher in kleinen Blüten nur in den Vordergrund bringen. Kühle Töne, wie Blau, Weiß, Pastellfarben und silbriges Laub hingegen treten optisch zurück und verleihen hinteren und dunkleren Gartenpartien geheimnisvolle Weite. Erfolgversprechend in kleinen Gärten sind Kombinationen in höchstens drei kühlen Tönen wie Blau, Rosa, Violett. Dabei sollte man nicht vergessen, dass Dichte und Durchsetzungsvermögen einer Farbe auch immer von der Blütengröße und -menge abhängen.

Oben: *In ländlichen Gärten sind die schlanken hochwüchsigen Stockmalven* (Alcea rosea) *wie geschaffen, um den Garten an Hausfassaden auslaufen zu lassen.*

Unten: *Im Unterschied zu warmem Sonnengelb harmoniert das Gelbgrün panaschierter Gehölze und des Frauenmantels (links) gut mit kühlen Farbtönen.*

Freiluftdomizile zum Wohlfühlen

Ein malerischer Terrassengarten

Ein Mikrokosmos für Gärtner wie Gartengenießer ist die fast 75 Quadratmeter große Terrasse des Malerehepaars Gerard und Hennie Menken, die etwas erhöht über dem leicht abschüssigen Garten thront. Mit 10 Meter Breite und 7,5 Meter Länge nimmt sie fast ein Drittel der länglichen Gartenfläche ein, die die Besitzer quer in zwei weitere grüne Gartenzimmer unterteilt haben: Eines, das sich als verschwenderisches Blütenmeer dem Blick von der Terrasse aus darbietet und ein abgeschottetes wildhaftes Boudoir dahinter. Die idyllische Terrasse aber spiegelt ganz offensichtlich die Vorlieben ihrer Gestalter wider. Sie verrät deren Sinn für gesellige Wohnlichkeit sowie für Farben, Formen und Proportionen, aber auch ihre Liebe zu Pflanzen und schönen alten Fundstücken.

Vermittler zwischen Haus und Garten

Eigentlich sollten Terrassen in ihren Proportionen zu Haus und Garten passen. Dass es auch anders geht, beweist die ein Drittel des Gartens beanspruchende Terrasse von Familie Menken. Als Nahtstelle zwischen Garten und Haus verflicht sie meisterlich ihre konträren Randbereiche. Zum Beispiel indem der Übergang zwischen Garten und Terrasse nicht in einer strengen Linie, sondern versetzt verläuft und von Pflanzen überspielt wird, die sich in Beeten bis an die Terrasse heranschieben. Die weite Terrasse ist auch keine öde Pflasterwüste, sondern wird durch ein großes, eingelassenes Beet begrünt, um das herum mehrere Sitzplätze zum Genießen einladen. Und obendrein vernetzt Gerard Menken Haus, Terrasse (Mobiliar) und Garten (Taubenhaus) noch mit Wiederholungen seiner Lieblingsfarbe Blau.

Links: *Zur Terrassengestaltung gehört auch die Gestaltung des Ausblicks. Der mittige Rasenweg führt als ruhige Blickachse zum halb verborgenen dritten Gartenzimmer, während die rundkronige silbergraue Weide im rechten Hintergrund ihr Pendant im edlen Taubenhaus findet.*
Unten: *Auch vom Garten aus ist die Terrasse in die Pflanzenwelt integriert. Mit Wildem Wein und Kletterrosen an der Fassade scheint der Garten über das Terrassenbeet bis ans Haus zu reichen.*

Weitere Ideen zur Terrassen-Gestaltung kleiner Gärten

Terrassen haben in der Regel eine doppelte Aufgabe zu erfüllen:

- Als Bindeglied zwischen Haus und Garten sollen sie die Pflanzenwelt mit der Architektur des Gebäudes organisch verknüpfen.
- Als zentrale Aufenthaltsbereiche sollen sie über drei Jahreszeiten hinweg das Wohnen im Freien mit gepflegtem Komfort und stilvollen Accessoires bereichern.

Terrassen als grüne Übergangsbereiche

Gerade auf kleinen Arealen gewinnt der Garten an Großzügigkeit und Weite, wenn er optisch bis ans Haus auslaufen kann. Dies erfordert, die zwischen Garten und Haus liegende Terrasse möglichst intensiv zu begrünen. Damit jedoch die Pflanzen auf kleinen Terrassen Mensch und Mobiliar den raren Platz nicht streitig machen, sollte man sie möglichst aus dem Fuß- und Bewegungsspielraum entfernen. In Reihenhaussitationen und ähnlichen, eng von baulicher Substanz umgebenen Terrassen greift man deshalb gerne auf eine Fas-

Platzsparende Begrünung der Terrasse

▷ Kletterpflanzen an überdachenden Pergolen und an Rankhilfen an den Wänden
▷ Zier- und Nutzpflanzen in Gefäßen auf Regalen, Stellagen, Etageren an der Wand entlang
▷ Hochstämmchen in Kübeln mit Unterpflanzung
▷ Hängepflanzen in Ampeln, in hohen Gefäßen sowie in Schalen auf Säulen oder Mauern

Ein schattenspendender Hausbaum kann auch in Aussparungen des Terrassenbelags eingepflanzt werden. So sehr sich Kastanien dafür eignen, für kleine Gärten entwickeln sie sich mit den Jahren zu mächtig. Wem es jedoch mehr um eine grüne Verzahnung von Terrasse und Garten geht, sollte auf kompaktwüchsige Kugelbäume (Kasten, S. 27) zurückgreifen.

Oben: *Grün verwoben mit dem Garten ist diese kleine Terrasse unterm Dach eines Laubbaums. Sein Schatten ermöglicht eine reizvolle Unterpflanzung mit Farnen und Funkien, während in Aussparungen an der Hauswand Efeu und Kletterhortensie wurzeln.*
Unten: *Die dreiseitig von Mauern umgebene Terrasse erhält Sicht- und Sonnenschutz durch eine Markise.*

sadenbegrünung durch Klettergehölze zurück. Spart man zwischen Terrassenbelag und Hausfassade oder bei Reihenhäusern zwischen Belag und seitlicher Sichtschutzwand eine Pflanzfläche aus, können die Kletterpflanzen direkt an der Architektur emporranken.

Der Garten weitet sich auch, wenn man Blumenbeete bis an die Terrasse heranzieht. So ist ihre Pracht nicht nur aus der Nähe zu genießen, sondern überspielt auch die Ränder des Belags. Dies vermögen alternativ auch Pflanzen in Gefäßen, die in hübscher Höhengruppierung gleichzeitig als Blickfang am Terrassenrand fungieren.

Wunderschöne Übergänge zwischen Garten und Terrasse ergeben sich ferner, wenn der Terrassenbelag nicht von einer schnurgeraden Kante begrenzt wird, sondern an einer Stelle bogig schwingend oder mit versetzt auslaufen-

den Platten in den Garten hineinragt, wobei sich seine Grundfläche etwas vergrößert. Ist die Terrasse selbst jedoch groß genug, besteht die umgekehrte Möglichkeit, wie im Garten von Gerard Menken zu sehen ist, ein Beet in den Terrassengrundriss einfließen zu lassen.

Sonnen- und Sichtschutz

Auch bei Vorkehrungen gegen Sonne und Einsicht kann man sich »grüner Helfer« bedienen. Ein Laubbaum vor der Terrasse spendet im Sommer malerisch bewegten Schatten und wehrt Blicke von oben ab. Breitkronige Laubbäume lassen die Jahreszeiten eindrucksvoll erleben, liefern allerdings im Herbst eine Menge Falllaub. Im kleinen Garten sollte man keinesfalls einen Baum wählen, der sich mit den Jahren zum Riesen entwickelt und die Proportionen des Gartens sprengt. Gesellt man übrigens diesem Hausbaum in der Mitte oder am Ende des Gartens einen zweiten, etwas kleineren Baum dazu, gewinnt der Garten durch die gestaffelt gepflanzten »Höhenelemente« perspektivisch an Tiefe.

Auch Pergolen, die die Terrasse ganz oder teilweise überdachen, und mit starkwüchsigen Klettergehölzen (Tabelle Seite 126/127) wie Weinrebe, Rostrote Weinrebe, Wilder Wein, Glyzine, Bergwaldrebe, Schlingknöterich oder Ramblerrosen zumindest im Sommer eine gewissen Blickdichte garantieren, verbinden Begrünung mit Sicht- und Sonnenschutz. Ihr Nachteil: Abfallende Pflanzenteile wie Blüten und Laub müssen öfter weggekehrt werden oder hinterlassen gar Flecken auf Mobiliar oder Textilien.

Markisen, Sonnensegel und Sonnenschirm sind die pflegeleichten Alternativen dazu.

Je kleiner die Terrasse ist, desto zierlicher sollte auch das Mobiliar sein. Ideal sind leichtgewichtige Stühle, die klapp- oder stapelbar sind, so dass man auch bei Besuch flexibel ist. Ein duftig-weißer Sonnenschirm ergänzt das sommerliche, mobile Ambiente.

Die Optik des Bodenbelags

Kleine Terrassenflächen wirken größer, wenn ihr Belag aus kleinformatigem Material wie Klinker, Kleinstein- oder Mosaiksteinpflaster besteht. Besonders regelmäßige Verbände erwecken den Eindruck von Ruhe und Weite, der sich auch dann einstellt, wenn sich der Belag des angrenzenden Wohnraums auf der Terrasse fortsetzt. Aber auch mit der Strukturierung der Beläge lassen sich perspektivische Wirkungen erzielen. So erscheinen Flächen

mit quer verlaufenden Holzplanken oder Verbänden breiter und kürzer, während sie bei Längsverlegungen schmäler und länger wirken. Der Fischgrät- oder der Holländische Verband hingegen vergrößert kleine Terrassen, wenn man sie diagonal verlegt.

Mobiliar und Terrassengröße

Glücklicherweise ist das Angebot an Terrassenmöbeln so vielfältig, dass auch winzige Paradiese vor der Tür nicht auf Luxus und Komfort verzichten müssen. Das Mobiliar sollte in Stil, Farbe und Material zum Haus passen und größenmäßig mit der Terrassenfläche harmonieren. Je kleiner die Terrasse ist, desto luftiger wirkt sie mit zierlichen Möbeln. Zu bedenken ist ferner Folgendes:

- Rechteckige Tische und Bänke benötigen weniger Platz als runde Tische und Stühle.
- Kleinen Gärten fehlt es oft an Stauraum. Hier sind witterungsfeste Möbel aus Plantagenteak oder Red Cedar, aus Stahlrohr, Aluminium, hochwertigem Kunststoff oder Hularo-Kunststofffasern ein Glücksfall, denn sie können auf der Terrasse überwintern.
- Für Sitzkissen und Polsterauflagen gibt es winterfeste Aufbewahrungstruhen, die an der Schmalseite von Reihenhausterrassen gleichzeitig als Ablageflächen gute Dienste leisten.
- Ideal für kleine Terrassen sind leichtgewichtige Stühle, die klapp- oder stapelbar sind, sowie Klapp- oder Ausziehtische. Steht Besuch ins Haus, ist man damit jederzeit gewappnet.

Links oben: *Konsoltischchen heben Pflanzen und schöne Gefäße platzsparend ins Blickfeld. Aber auch Gartenschmuck wie Tonfliesen oder Büste können zusammen mit Pflanzen Wände und Mauern poetisch verbrämen.*

Links unten: *Terrasseninnen- oder -seitenwände bieten oft die schönste Möglichkeit für den Anschluss eines Wandbrunnens. Er gewinnt an Reiz, wenn er von Pflanzen, wie hier mit dem klassischen Schattentrio von Efeu, Funkie und Farn, umgeben ist. Die Wassermusik des sanften Plätscherns oder Tröpfelns gewinnt nachts noch durch eine indirekte Beleuchtung an Zauber.*

Farben und Formen

Je großflächiger Stühle und Tische aussehen, desto heller und zarter sollten auf kleinen Terrassen ihre Farben sein. Umgekehrt dürfen filigrane Eisenmöbel kräftige dunkle Töne aufweisen und wirken dabei dennoch zierlich. Generell sind wuchtige Massivholzmöbel oder ausladende Korbmöbel, die auf großen Terrassen den Platz gut füllen, nichts für kleinräumige Sitzplätze. Hier sollte man auch nicht in kunterbunten Volltönen schwelgen. Besser ist es vielmehr, sich bei Farben und Materialien zu beschränken. Kein Angst vor Farblosigkeit, auch mit Kissen und Tischdecken oder Blumen kann man Terrassen farbig beleben.

Wohnkultur durch Accessoires

Nicht nur zur Sicherheit ist bei Terrassen Beleuchtung ein wichtiges Thema. Wer Lichtquellen bevorzugt, deren Design auch tagsüber bezaubert, hat das Wohnen im Grünen um eine Prise Lebensqualität bereichert. Generell kommt es nicht auf eine Anhäufung vieler Dekorstücke an, vielmehr darauf, eine stilvolle Auswahl zu treffen und diese akzentuiert und feinsinnig mit Pflanzen zu arrangieren. Ob Rosenkugeln, Pinienzapfen, Skulpturen, nostalgische Aufsteckrankgerüste oder edle Gefäße, sie alle tragen zum Stil der Terrasse bei – sei er nun mediterran, rustikal, romantisch-verspielt oder sachlich-modern.

Die zierlichen Möbel nehmen dem attraktiven Belag aus Klinkerrollschichten um flächig verlegte Platten nichts von seiner Wirkung, während sich das Grün des Gartens mit Kletterpflanzen entlang der Mauer einen Weg bahnt. Nicht zu unterschätzen als bereicherndes Grün sind übrigens auch Pflanzen in flachen Gefäßen als anmutiger Tischschmuck (siehe auch Bild Seite 102/103).

Ein kleiner Garten mit vielen Sitzplätzen

Die bewährte Gestaltungsidee, einen Garten unter ein Motto zu stellen, ist im kleinen Reich von Elke und Henning Bath nicht zu übersehen. Wohin der Blick auch fällt, macht Blau großflächig oder in verspielten Details auf sich aufmerksam. Die Lieblingsfarbe der beiden fungiert jedoch nicht nur als optischer Akzent, sondern hat auch leitmotivischen Charakter und möchte zu mediterraner, südlicher Lebensart beflügeln. Rasenflächen sind deshalb nicht vorgesehen, dafür jede Menge Sitzplätze für gesellige Runden wie für verträumte Mußestunden, die umgeben vom Fluidum duftender Pflanzen und schöner Accessoires vor allem eines bezwecken: den Gartengenuss variantenreich zu inszenieren.

Refugien für jede Jahreszeit und Stimmungslage

Oben: *Rosenbögen und Ligusterhochstämmchen verleihen diesem Sitzplatz Räumlichkeit, während ihn Rosen und Lavendel in ihr florales Parfum hüllen.*
Unten: *Rankgitter mit Kletterrosen und bepflanzte Wandgefäße lockern in dem von der Familie »Piazza Rosa« genannten Gartenzimmer die weißen Mauern auf.*

Wer zu den Spaziergängern zählt, die nichts so sehr anödet wie täglich die gleiche Runde zu drehen, wird Elke und Henning Bath zutiefst verstehen, die nichts so sehr zu verabscheuen scheinen, wie täglich vom gleichen Stuhl aus den gleichen Blick auf den Garten zu genießen. Kein Wunder, dass sie ihren etwa 400 Quadratmeter großen Garten mit neun Sitzplätzen bereicherten, die ihn aus immer wieder anderen Blickwinkeln erleben und dadurch viel größer erscheinen lassen.

Südliche Wärme und sinnliche Vielfalt

Als sich vor etwa 20 Jahren Familie Bath Heim und Garten im keineswegs mediterranen Klima des Münsterlandes schufen, hatten sie obendrein den Wind zu berücksichtigen, der gerne über das freie Umland hinwegfegt. Durch Wildrosenhecken und Mauern, die durch Sichtschutzelemente unterbrochen werden, sperrten sie ihn aus und versuchten die Sonnenwärme durch speichernde Plattenbeläge einzufangen. Alte Betonplatten, Klinker und gefärbte Betonsteine ermöglichten es ihnen, die Fläche dekorativ und abwechslungsreich zu gestalten. Obwohl in der Flächengestaltung formale Rechtecke den Ton angeben, wirkt das kleine Gartenreich verspielt und romantisch. Wohl auch deshalb, weil seine Fläche durch Beete, verwunschene Laubengänge und Pergolen in mehrere Gartenräume unterteilt wurde, auf denen vorwiegend Rosen und begleitende Stauden den Ton angeben.

Sitzplätze im Zauber des Gartenjahres

In Nischen der Gartenräume, aber auch unter den zahlreichen Pergolen entstanden sonnige und schattige Sitzplätze, von denen einige auf größere Geselligkeiten, andere eher auf idyllische Zweisamheit ausgerichtet sind. Von jedem aus überrascht der Garten mit anderen Eindrücken und verzaubert durch die Nähe jeweils neuer Pflanzen und Accessoires die Sinne. Jeder Sitzplatz lässt darüber hinaus zu bestimmten Tages- und Jahreszeiten den Garten in anderem Licht und anderer Atmosphäre erleben. Vor allem aber sind die Sitzplätze so variantenreich konzipiert, dass sie den Familienmitgliedern unterschiedlichste Rückzugs- und Nutzungsmöglichkeiten bieten und mit wohlig-warmen wie schattig-kühlen Plätzen für jede Jahreszeit eine Wohlfühlvariante bereithalten. So genießen Elke und Henning Bath mitsamt Jack Russell Terrier Elvis auf dem »Skihütte« genannten Sonnenplatz am Haus (Bild Seite 109) in molligen Wolldecken bereits die ersten Strahlen der Wintersonne, während der abgesenkte Sitzplatz unter dem vorgezogenen Hausdach daneben (Bild Seite 108) dank seiner in Bodenhöhe installierten Heizstrahler romantische Gartenstunden im Freien bis in den Spätherbst hinein erlaubt.

Gartenzimmer voll Duft und Ästhetik sind die beiden Duftsitzplätze, die durch das flirrend einfallende Licht der Rankgeflechte zur Zeit der Rosenblüte in Weiß-, Rosa-, Rot- und Blautönen erstrahlen. Aber auch danach bieten die lauschigen Oasen mit dem Blick auf das mit Efeu gesäumte Wasserbecken und die verspielten Accessoires stimmungsvolle Sinnenfreuden.

Weitere Ideen für Sitzplätze in kleinen Gärten

Sitzplätze erweitern die Palette des Gartengenusses ebenso wie seine Vielfalt. Wer vier wichtige Gestaltungskriterien beachtet, kann unabhängig vom Platzangebot jeder Sitzmöglichkeit heimeligen Wohlfühlcharakter verleihen und sie gleichzeitig zu einem bezaubernden Glanzstück im Garten gestalten.
Lage. Für den Sitzplatz sollte eine Stelle ausgewählt werden, von der aus sich neue Ansichten auf Haus und Garten bieten. Während man ihn in formalen Gärten gerne ins Zentrum oder ans Ende einer Blickachse legt, kann er in frei gestalteten Gärten auch versteckt in stillen Ecken eingerichtet werden.
Rückendeckung. Dieses archaische Bedürfnis gewähren die unterschiedlichsten Elemente wie Mauern, Hecken usw. In Kleingärten bieten sich die Gartengrenzen dafür förmlich an.
Seitenschutz. Zu lauschigen Refugien werden diese Plätze vollends, wenn sie auch seitlich durch malerische Sträucher, Kübelpflanzen, begrünte Rosenbögen eingebunden werden

Die Gartengrenzen für Sitzplätze nutzen

- ▷ An Wänden und Mauern eine Bank befestigen; besonders platzsparend sind Klappbänke
- ▷ In Hecken eine Nische für eine Bank oder einen Stuhl aussparen
- ▷ Begrünte Sichtschutz- oder Spalierwände durch einen vorgebauten Bogen zur Laube verwandeln
- ▷ Dunkle Gartenecken durch helles Mobiliar zu einem noblen Schattenplatz aufwerten

Ein verschwenderischer Blütenrausch im Garten lässt sich auch spontan auf mobilen Sitzplätzen stimmungsvoll genießen. Im flackernden Kerzenschein wird dieser Duftsitzplatz unter der himmelstürmenden Ramblerrose 'Alberic Barbier' zum Inbegriff romantischer Zweisamkeit. Geht die Rosenblüte zur Neige, finden die Gartenträumereien woanders statt und der Rasen darf sich wieder erholen.

Oben: *Mit einer Ausbuchtung des Natursteinplatten-Belags, edlen Flechtmöbeln und symmetrisch arrangierten Pflanzen funktioniert dieser Schattenplatz die Hecke an der Gartengrenze zur Rückwand eines Gartensalons um.*
Unten: *Der blaue Jahreszeitensitzplatz lässt den Zauber des Blumenhartriegels* (Cornus kousa) *aus nächster Nähe erleben. Zeigt sich der Garten woanders von seiner schönsten Seite, wird die Sitzgruppe dort einen farbigen Akzent setzen.*

oder gar in Nischen von Mauern oder Aussparungen von Schnitthecken Platz finden. Blickfang. Da in kleinen Gärten jeder Zentimenter zählt, sollte der Sitzplatz selbst mit seiner Ausstattung von Mobiliar, Textilien und Pflanzen einen attraktiven Anblick bieten.

Befestigte Sitzplätze

Sie sind mit einem festen Untergrund ausgestattet, auf dem man sich sauberen Fußes aufhalten kann und das Mobiliar sicher steht. In kleinen Gärten sollte der Belag mit dem von Terrasse und Wegen harmonieren oder ihnen gar entsprechen, wobei die Größe des Platzes davon abhängt, ob man eine Sitzgruppe, einen Stuhl oder eine Bank darauf unterbringen möchte. Auch ohne Bestuhlung sind diese Flächen jedoch markante Elemente, die den Garten horizontal strukturieren. Rechtecke fügen sich meist unaufdringlicher in den Garten ein als Rondelle, die den Blick magisch anziehen. Besonders stimmige Gartenszenerien entstehen, wenn der Tisch die Form des Grundrisses aufgreift.

Rahmen und Ausblick

Während der Belag als ästhetisches Strukturelement den Garten bereichert, verleiht ein Pflanzen-Kragen, der sich in etwa halbseitig für Zugang und Ausblick öffnet, dem Sitzplatz Wohlfühlqualität. Besonders sinnliche Intensität kommt dabei leicht abgesenkten Sitzplätzen zu, über deren Rand hineinwogende

Pflanzen Schönheit und Duft in Augenhöhe präsentieren. Sie bieten dem Gartengenießer Blicke von besonderer Eindringlichkeit und lassen den ganzen Garten größer erscheinen.

Ein Motto für den Sitzplatz

Jeder Sitzplatz sollte mit eigenen Erlebnisqualitäten und Reizen überraschen. Dunkle Ecken lassen sich durch lichtes Mobiliar aus dem Dämmerzustand erwecken, Wasser und Blumenbeete sind zum Genießen geschaffen und sollten deshalb ein Plätzchen in ihrer Nähe bereithalten. Aber auch unter lauschigen Überdachungen von Baumkronen und unter Blütengirlanden von Rosenbögen oder Pergolen entstehen verschwiegene Orte für stille Mußestunden.

Mobiliar und farbliche Gestaltung

Ein Sitzplatz fügt sich harmonisch in den Garten ein, wenn er Farben von Pflanzen, Gefäßen oder Gartendekor des Umfelds aufgreift. Kontrastiert er hingegen stark mit seiner Umgebung, wird er zum markanten Blickfang. Die Farbe kann einerseits durch Material und Farbe des Mobiliars vorgegeben werden, aber auch durch Textilien wie Tischdecke und Kissenauflagen.

Ermittlung des Platzbedarfs für Sitzgruppen

Die Mindestfläche eines Sitzplatzes kann man nach folgender Aufstellung berechnen

▷ Tischlänge + 2 m (für Stühle und Spielraum)

▷ mal

▷ Tischbreite + 2 m (für Stühle und Spielraum)

Mit ihren verspielten Formen fügen sich die nostalgischen blauen Eisenmöbel organisch in den Pflanzenrahmen ein. Lediglich ihre hellen Flächen machen auf die Sitzgruppe aufmerksam, die angelehnt an die Gartengrenze die Ecke des kleinen Paradieses reizvoll nutzt.

Oben: *Dieses malerische Ensemble ist eher stilisiertes Blumenreich und Blickfang als praktischer Sitzplatz. Vor dem ruhigen Hintergrund der immergrünen Schnitthecke wird die floristische Kleinkunst wie auf einem Tablett präsentiert.*
Unten: *Stille, erholsame Stunden am Wasser verspricht diese Bank am kleinen Zierteich. Der Gestalter dieses Schattenplatzes hat in typisch formaler Manier eine grüne Schnitthecke wie einen Kragen um die Bank gelegt und sie mit symmetrischer Bepflanzung und Topfarrangements als Blickfang inszeniert.*
Rechte Seite: *Solche Alkovenbänke sind im Fachhandel erhältlich und können beliebig koloriert werden. Sie sind zierlich genug, um auch in kleinste Gärten zu passen. Wer will, kann aber auch mit Spaliergittern oder Pergola-Teilen ein romantisches Unikat um eine Bank herum selbst konstruieren.*

Überdachte Sitzplätze

Lauben entführen ihre Besucher in ein Zwischenreich von Natur und Raum. Inmitten duftender Blüten und raunender Blätterwände sitzt man geschützt vor Sonne, Wind und fremden Blicken. Belaubte Überdachungen lassen sich leicht in kleine Gärten intergrieren. Zum Beispiel Bänke, die von Spalieren, Pergola-Elementen oder Rosenbögen umrahmt werden, Sitzgruppen unter sich überkreuzenden Rosenbögen oder Bänke zu beiden Seiten eines Weges, über die sich eine Pergola wölbt. Wichtig ist es, den richtigen Stil zu finden. Luftige Metallkonstruktionen oder Lauben mit feinen Holzgittern passen in kleine Gärten besser als rustikale Modelle aus wuchtigen Rundhölzern oder groben Latten. Auch Farben definieren ihren Stellenwert. Während Grün, Schwarz und Dunkelbraun sie dezent zurücktreten lassen, verleiht ihnen Weiß, Rot, Blau oder Rost eine Vorrangstellung im Garten. Pavillons haben im Unterschied dazu meist ein geschlossenes Dach und weniger naturhaften, dafür eher kunstvoll-repräsentativen Charakter. Aus diesem Grund benötigen sie immer einen gewissen Freiraum, vor dem sie zur Wirkung kommen. Für winzige Gärten sind sie deshalb meist nicht geeignet. Filigrane Modelle können sich jedoch in kleinere Gärten einfügen, ohne deren Proportionen zu sprengen, zum Beispiel am Ende der Blickachse eines kleinen formalen Gartens oder in einer lauschigen Gartenecke.

Serviceteil

Planung und Planungshilfen

Schritt für Schritt zum Gartenparadies

Wer sich auf kleinem Raum viele Wünsche erfüllen möchte, muss konzeptionell »doppeln«, sodass jedes Gestaltungselement möglichst zwei oder mehr Gartenwünsche zugleich berücksichtigt. Der Wunsch nach romantischer Rosenpracht zum Beispiel lässt sich mit einem Sitzplatz koppeln, wo Kletterrosen eine Laube oder einen Rosenbogen über einer Bank umranken, ebenso aber auch mit einem Raumteiler, der einen schmalen Garten durch eine rosenberankte Pergola oder einen Laubengang strukturiert. Je kleiner ein Garten ist, desto sorgfältiger und detaillierter muss deshalb seine Planung sein. Vom Wunsch zum fertigen Gartenplan gelangt man in vier Schritten.

1. Bestandsaufnahme

Ein maßstabsgerechter Plan mit allen Maßen und Details des Gartens, den man mehrfach kopiert, um Varianten und Änderungen einzeichnen zu können, bildet die Grundlage. Wer im Zeichnen ungeübt ist, kann sich mit dem Maßstab 1:100 behelfen, bei dem 1 Zentimeter auf dem Papier 1 Meter in der Realität entspricht. Zur Bestandsaufnahme zählen aber auch die Wünsche der Gartenbesitzer. Am besten erstellt man eine Wunschliste aller Familienmitglieder, in der man anschließend aus der Vielfalt der Themen die Schwerpunkte herausfiltert. In dieser Phase empfiehlt es sich, unter Berücksichtigung des Hauses und der Umgebung, auch den Stil des Gartens festzulegen.

2. Einteilung der Funktionsbereiche

Jetzt sollte man öfter in den Garten gehen, um den Lichteinfall, die Einsehbarkeit und die Gestaltung der Nachbargrundstücke bei der eigenen Planung zu berücksichtigen. So ist neben dem Spielplatz der Nachbarkinder ein lauschiges Plätzchen zum Entspannen nicht gerade von Vorteil. Andererseits erspart ein höherer Baum oder eine Schnitthecke auf dem Nachbargrundstück möglicherweise an dieser Stelle den eigenen Sichtschutz. Die Entscheidung über die Gartengrenzen und wo ein Sichtschutz nötig ist, fallen ebenso in diese Phase der Grobzuordnung wie die allgemeine Festlegung, wo Beete, Rasen, Wasser, Sitzplatz, aber auch Wasseranschlüsse und Elektrik ihren Platz finden. Wichtig ist ein ausgewogenes Verhältnis zwischen offenen Bereichen und geschlossener Bepflanzung zu erreichen.

3. Detailplanung

Nun werden für alle Gartenbereiche die Formen, Materialien und Farben festgelegt. Dazu zählen der Wegverlauf ebenso wie die Wahl seines Belags, die Form von Beeten und Wasserflächen, wo und welche raumbildenden Elemente und Raumteiler angebracht sind, Form und Stil von Laube und Sitzplatz und sogar deren Farbigkeit. Stil und Materialien sollten mit dem von Haus und Terrasse korrespondieren, die Farben nicht zu kunterbunt gewählt werden. Wichtig ist, dass der Stil des Gartens harmonisch zum Ausdruck kommt und alle Elemente in ihren Proportionen zur Grundfläche und zum Haus passen.

4. Pflanzenwahl

Pflanzen verleihen dem Garten Atmosphäre, denn sie bestimmen seine Farbigkeit und Fülle im Wandel der Jahreszeiten. Wichtig ist für kleine Gärten ein gewisser Anteil von immergrünen Gehölzen und Stauden, da sie rund ums Jahr Struktur, Farbe und Fülle vorgeben.

Ideen für Reihenhausgärten mit Rasen

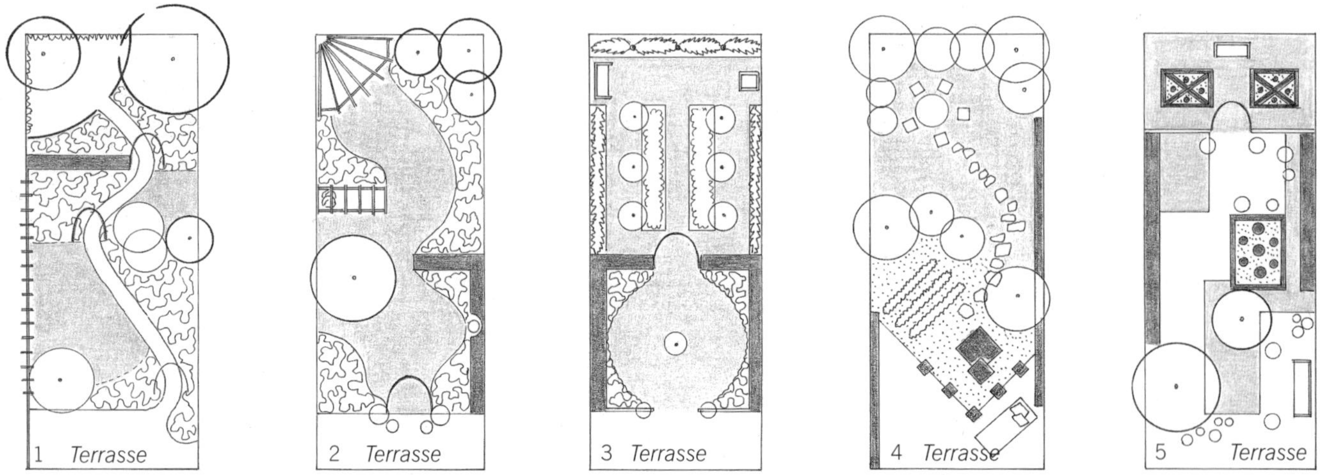

Rasen *Schnitthecke* *Blumen* *Kies* *Pflaster- oder Plattenbelag*

Obige Entwürfe möchten die vielfältigen Möglichkeiten von Reihenhausgärten aufzeigen und zu eigenen Ideen inspirieren.

1. Ein frei gestalteter Blumengarten. Eine Pergola mit Clematis und Rosen bietet Sichtschutz, während sich der Garten zur anderen Seite hin öffnet. An der Stirnseite gewähren höhere Bäume Sichtschutz und schattieren einen Sitzplatz. Von der Terrasse aus windet sich der Weg zwischen Rasen und Blumenbeeten, wobei drei Rosenbögen, eine Gehölzgruppe sowie eine Schnitthecke (links) den Garten unterteilen und Räumlichkeit erzeugen. Das in die Terrasse hineingezogene Blumenbeet lässt sich von einer Bank aus nächster Nähe genießen, während an der anderen Seite ein Baum Sichtschutz spendet.

2. Ein romantischer Rosengarten. Eine rechtwinklige Schnitthecke mit Einbuchtung für eine Statue präsentiert Rosen nicht nur am Terrassenrand sondern auch im Garten, den sie gleichzeitig unterteilt. Das Gegengewicht dazu bildet ein markantes Solitärgehölz, während sich am Laubengang dahinter ebenfalls Rosen ausbreiten. Er ist nicht nur unterteilende Kulisse, sondern mit einem Spiegel versehen ein Trompe-l'œil. Auch an der Ecklaube im Hintergrund finden Rosen jede Menge Platz. Der Rasen ersetzt die Wege und bildet einen ruhigen Rahmen.

3. Ein formaler Zier- und Obstgarten mit Rasenmedaillon. Das erste Gartenzimmer präsentiert umgeben von Blumenbeeten und Schnitthecken den Rasen als Zierelement. Durch einen Bogen erreicht man das Obstgärtchen mit Erdbeerbeeten und Beerenhochstämmchen, Himbeeren, Brombeeren und Spalierobst sowie einer Bank und einem Brunnen. Noch reizvoller wird der Garten wenn der erste Teil abgesenkt, der zweite dafür aufgeschüttet und über eine kleine Treppe zu erreichen ist.

4. Ein moderner formaler Garten mit Rasen- und Kiesflächen. Die weit vorgezogene Terrasse bietet Platz für Sitzgruppe und Liegemöbel. Den anschließenden Kiesgarten beleben immergrüne Buchswürfel sowie diagonale Reihen von Lavendel und Iris. Lockere Gehölzgruppen unterteilen den Garten, wobei Trittplatten in den Rasenteil mit Sitzplatz überleiten.

5. Ein formaler Garten mit Flächendesign. Der Plan lehnt sich mit einigen Abweichungen an die Aufteilung des Gartens von Familie Raemakers (Seite 18 bis 23) an.

Ideen für Reihenhausgärten ohne Rasen

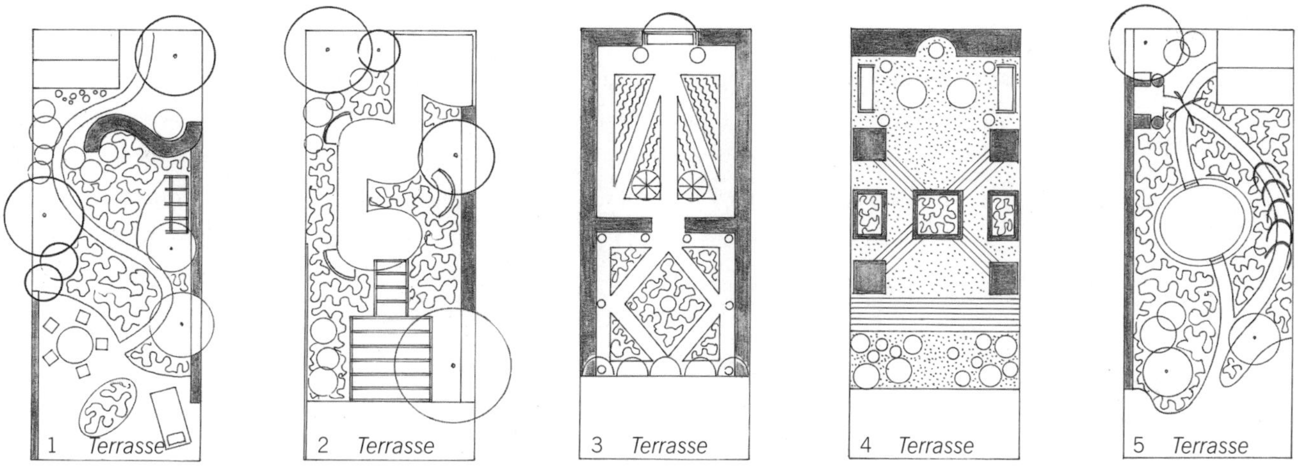

1. Ein frei gestalteter Ziergarten mit großer Terrasse. Ein Blumenbeet unterteilt die weit ausgreifende Terrasse in einen Sitz- und Liegebereich. Die geschwungene Schnitthecke im hinteren Gartendrittel wiederholt die Wegführung und trennt den Nutzbereich für Gartenhaus (links) und Kompost ab, während ihre vordere Ausbuchtung Platz für eine gebogene Bank bietet. Der Pflasterweg erweitert sich rechts zur Laube hin, deren Blickrichtung quer auf Blumenbeete und Gehölzgruppe verläuft.

2. Ein moderner Ziergarten mit vorgezogener Terrasse. Bühnenartig reicht diese Terrasse in den Garten hinein und wird wie der anschließende Laubengang von einer Pergola überdacht. Der mäandrierende Weg rundet sich in den Ecken zu Ovalen, die Platz für mobile Kräuter- und Nutzgärtchen sowie gebogene Bänke bieten, um dann im rechten Hintergrund zu einer Pflasterfläche für Sitzplatz, Laube oder Pavillon zu enden.

2. Ein formaler Landhausgarten mit Zier- und Nutzbereich. Schnitthecken unterteilen das Gärtchen in zwei Räume, die sich auch zu einem »Blumenparterre« absenken und einem aufgeschütteten Gemüsegärtchen dahinter gestalten lassen. Von der Terrasse aus rahmen begrünte Rankgitter den Blick auf das rautenförmige Beet mit einem zentralen Blickfang. Buchs als Einfassung und in Töpfen unterstreicht den strengen Aufbau und setzt immergrüne Akzente. Im hinteren Gemüsegarten greifen die Beete die Diagonale wieder auf, wobei Bohnenzelte den Auftakt bilden. Die zentrale Blickachse durch den Garten endet bei einer in die Schnitthecke eingelassenen Sitzbank.

4. Ein moderner immergrüner Ziergarten. Minimalistisch und pflegeleicht ist dieses formale Design, bei dem Kies den ruhigen Fond bildet. Das Kiesbeet mit lockeren Gräsern vor der Terrasse wird kontrastiert durch einen Klinker-Plattenbelag, der den Garten quer und längs strukturiert. Hohe Eibenquader stecken den mittleren Gartenraum für Buchs gerahmte Beete ab und ermöglichen im hinteren Teil Nischen für Sitzplätze.

5. Ein romantischer Garten mit abgesenktem Sitzplatz. Räumlichkeit verbreiten in diesem Entwurf der abgesenkte Sitzplatz sowie der Laubengang und eine das Wegkreuz überspannende Laubenkonstruktion. Im Hintergrund kann statt eines Gartenhauses ein Pavillon die Kreisform des Sitzplatzes wiederholen.

Ideen für Reihenhausgärten mit Wasser

Wasser lässt sich in so vielfältigen Formen fassen, dass es in jedem Garten Platz finden kann. Es ist weder an Größe noch einen Stil gebunden und kann in Teich, Becken, Bach und Rinnen einen Garten horizontal, in Fontänen oder fallender Form auch vertikal strukturieren. Ob in statischer oder bewegter Form, immer wird es ihn mit Spiegelungen oder Glitzereffekten, Plätschern oder Murmeln sowie mit erhöhter Luftfeuchtigkeit beleben. Gerade kleine Gärten kann Wasser platzsparend mit seinem Zauber erfüllen.

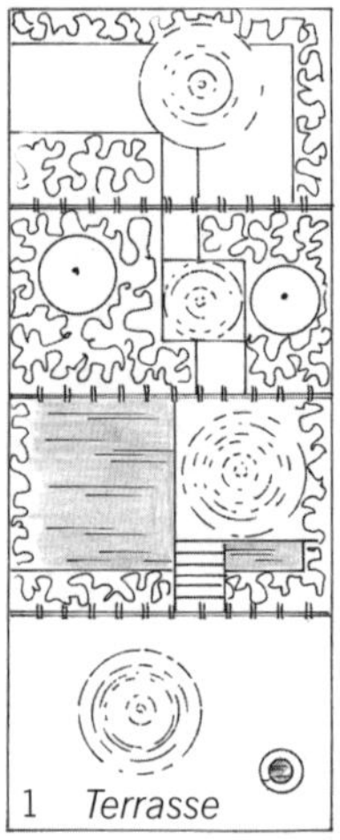

1. Ein erlebnisreicher 3-Zimmer-Garten. Dieser in der Länge etwas komprimierte Plan des Gartens von Familie Duijnhouwer (S. 74–78) zeigt deutlich, wie sich quer über die Gartenbreite ein Zierteich erstreckt, dessen Verlauf dann die Länge des Gartens nutzt. Zusätzlichen Erlebniswert besitzt der Garten, weil seine hinteren »Zimmer« nur über eine Holzbrücke zu erreichen sind. Eine zweite Pergola hinter dem Teich bettet ihn lauschig ein, während rundverlegte Klinker den Weg durch den Garten – so auch neben dem Teich – jeweils zum Sitzplatz erweitern. Trotz seiner formalen Grundstuktur kann ein solcher Garten sehr naturhaft wirken, wenn der Zierteich nicht exakt bis an die Gartengrenze (links), an Weg und Sitzplatz (rechts) oder an die Pergola (dahinter) heranreicht, sondern dort noch genügend Pflanzfläche für Stauden und Kletterpflanzen bleibt. Ein Zierbecken mit senkrechten Kanten ermöglicht an diesen Stellen jede Art von Pflanzen anzusiedeln, die mit den entsprechenden Lichtverhältnissen zurechtkommen. Wer eher einen Naturteich mit sanft auslaufender Uferzone gestaltet, kann sich zwar neue interessante Pflanzen für diesen Bereich in den Garten holen, läuft aber Gefahr, dass die meist zum Wuchern neigenden Uferrandpflanzen ständig eingedämmt werden müssen. Ein Sicherheitsfaktor bei Brücken oder Stegen aus Holz, die ohne Geländer über das Wasser führen, ist die zur Gehrichtung quer verlaufende Riffelung der Planken (S. 77), die eine gewisse Trittsicherheit gewährt.

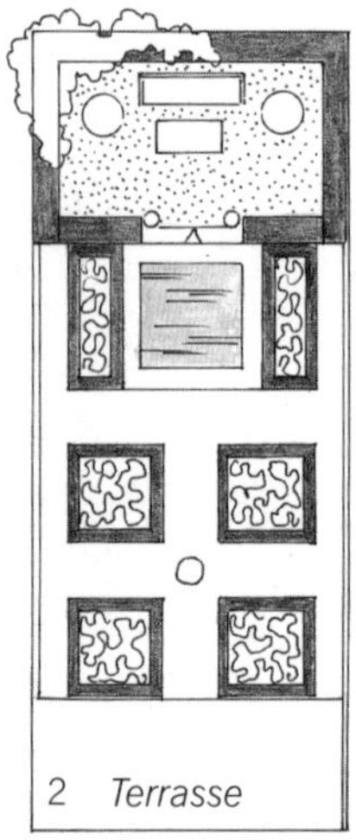

2. Ein klassisch-formaler Garten mit Zierteich. Dieser seitlich reduzierte Plan des Gartens von Trijn Siegersma (S. 50–53) realisiert den Zierteich im mittleren der drei Gartenzimmer. Da der Sitzplatz dahinter um eine Stufe erhöht ist und auch das davor liegende Buchsgeviert plastisch hervortritt, wirkt das Teichbecken wie abgesenkt. Sein stiller Wasserspiegel gibt je nach Sitzplatz Elemente des umliegenden Gartens wieder.

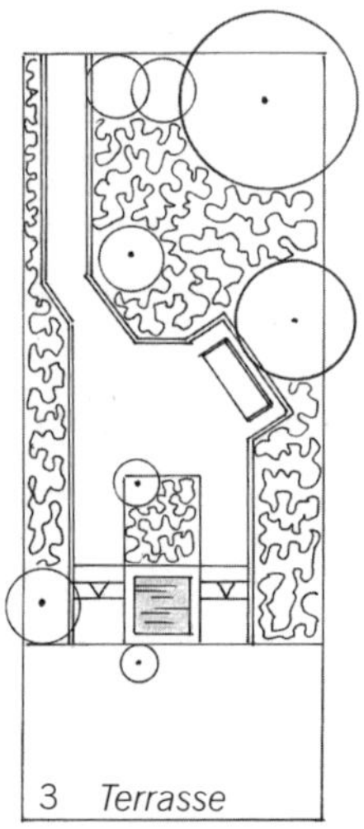

3. Ein fiktiver Senkgarten. Von der Terrasse ausgehend sind in diesem ebenfalls rasenlosen Entwurf alle Beetflächen um 30–50 Zentimeter erhöht und werden von Mauern eingefasst, deren Material auch das Pflaster von Sitzplatz und Weg aufgegreifen sollte. Dadurch gewinnt der Sitzplatz im Garten die Wirkung eines Senkgartens mit Blick – wie sein klassisches Vorbild – auf eine Wasserfläche. Statt Zierbecken und Blumenbeet kann auch ein nur umpflanztes Wasserbecken zwischen Terrasse und Sitzplatz vermitteln.

4. Ein ornamentaler Garten mit Badewanne. Dies ist der Plan des Gartens von Elisabeth Dolleman, der auf dem Innentitel (S. 2–3) zu bewundern ist. Eine Sitzbadewanne am Terrassenrand und ein weiteres Exemplar als zentraler Blickfang im dritten Gartenzimmer beweisen, dass sich Wasser auch in ungewöhnlicher und kleinster Form in den Garten holen lässt. In diesem Fall ist die Fassung von besonderem Charme, weil sich die alten Zinkwannen ebenso wie alte Zinkgießkannen gut in das grüne Gartenambiente einfügen. Begleitet wird die Wanne, in der sich Hechtkraut *(Pontederia cordata)* sichtlich wohl fühlt, von einer Sitzbank und einem eingelassenen Wasserbecken. Ansonsten greift die Gestaltung dieses nur 4,5 Meter breiten, dafür 20 Meter langen Gartens ebenfalls auf die bewährte Dreiteiligkeit zurück, bei der es vor allem auch darauf ankommt, den anfangs mittigen Weg in seinem Verlauf zu unterbrechen.

5. Ein Garten mit Bachlauf und Naturteich. Das Wasserspiel beginnt bei diesem Garten bereits an der Terrasse. Im angrenzenden Kiesbeet mit Gräsern und Quellstein entspringt ein Bach, der sich durch den Rasen schlängelt, um dann in den diagonal angelegten Naturteich zu münden. Ein leichtes Gefälle ist für diese Anlage nötig. Mit dem Erdaushub von Teich und Bach fällt jedoch genügend Material für die entsprechende Bodenmodulation an. Der Sitzplatz auf der rückwärtigen Halbinsel ist nur über Trittsteine zu erreichen, der gegenüberliegende Pavillon sogar nur über diese Halbinsel. Sollen Pflanzen den Garten einfassen, wie in diesem Fall immergrüne Schnitthecken, darf der Teich nicht bis an die Grundstücksgrenze reichen, sondern muss genügend Fläche für sie aussparen. Teilen sich Nachbarn jedoch einen Teich, kann er sich zu einem reichen Biotop über beide Grundstücke hinweg entwickeln.

6. Ein moderner Garten mit Wasser-Vielfalt. In diesem Garten reicht der Zierteich über Eck bis an die Terrasse mit ihrem vorgezogenen Holzdeck. Über zwei Stege aus dem gleichen Belag erreicht man die seitliche Bepflanzung des Gartens wie auch seine beiden hinteren »Räume«. Wer dem Weg in Z-Form durch den Blumengarten folgt, stößt auf die quer verlaufenden kulissenartigen Mauern, in deren Schatten eine andere Pflanzenwelt gedeiht als auf den sonnigen Beeten davor. Eine Treppe führt hinab zum leicht abgesenkten hinteren Gartenzimmer, dessen Stirnseite eine Schnitthecke begrenzt. Davor präsentiert sich mittig von Kugelbäumchen und Kübelpflanzen flankiert eine Sitzbank. Während die Mauern an der Vorderseite auch schattentolerierenden Kletterpflanzen wie Efeu, Kletterhortensie oder Geißblatt Spielraum gewähren, dienen sie auf der Rückseite der Unterbringung von zwei Wasserspeiern und der Installation der Pumpe. Zwei halbrunde oder aber auch rechteckige Becken fangen das plätschernde Nass auf, dessen Töne und Glitzerspiel von der Bank aus zu genießen sind. Und obendrein ermöglicht eine ruhige Rasenfläche auch einmal vor der Bank eine Tafel für ein Sommerfest aufzubauen.

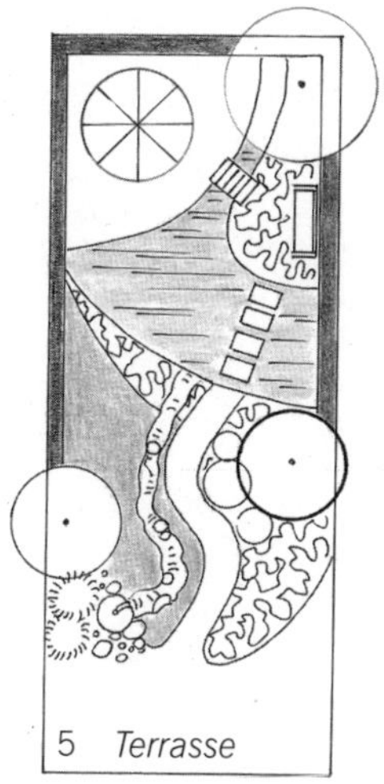

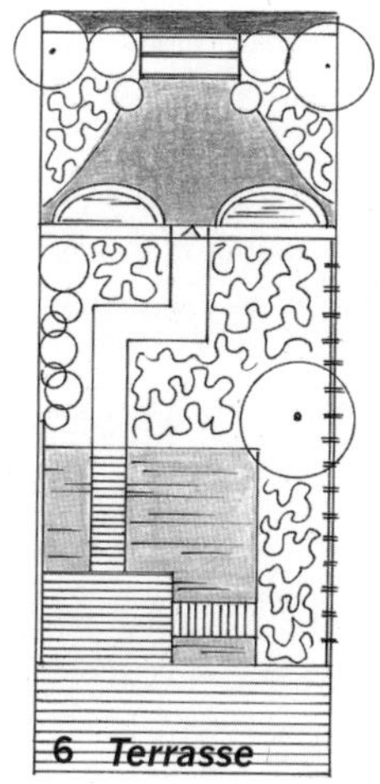

Pflanzlisten

Klettergehölze für vertikales Grün …

Name	Höhe	Blütezeit	Blüte	Standort	Anmerkung
Actinidia arguta ›Weiki‹ Winterharte Kiwi	2–4 m	V–VI	weiß, duftend	warm, windgeschützt, da Blätter leicht einreißen; ideal: Südwest- oder Südostwand eines Hauses Boden durchlässig, lehmig-nährstoffreich	Schlingpflanze; pflaumengroße Früchte im Oktober; gelbe Herbstfärbung; für reichen Fruchtansatz stets eine männliche und weibliche Pflanze zusammen setzen
Actinidia kolomikta Kolomikta-Strahlengriffel	2–2,5 m	VI	weiß, groß	sonnig bis halbschattig, geschützt Boden durchlässig, humos	Schlingpflanze; dekorativer Blattschmuck; Blätter männlicher Pflanzen färben sich in Teilen weiß, hellrosa bis dunkelviolett
Akebia quinata Fingerblättrige Akebie	3–4 m	IV–V	purpur, braun-violett duftend	sonnig bis halbschattig Boden humos, nährstoffreich	Schlingpflanze; Jungpflanzen benötigen Winterschutz
Aristolochia macrophylla Pfeifenwinde	6–9 m	VI–VII	purpurbraun, pfeifenartig, unscheinbar	sonnig bis halbschattig, windgeschützt; Boden humos, feucht	linkswindender Schlinger; herzförmige Blätter liegen dachziegelartig übereinander; eleganter Schattenspender; gelbe Herbstfärbung
Campsis radicans Trompetenblume	5–10 m	VII–IX	orange, gelb (je nach Sorte)	sonnig, warm, windgeschützt Boden humos, nährstoffreich, leicht feucht	Haftwurzelkletterer, der jedoch aufgrund seines Gewichts eine Kletterhilfe benötigt
Clematis montana Bergwaldrebe (viele Sorten)	4–8 m	V–VI	weiß, rosa manche duftend	sonnig bis halbschattig Boden durchlässig, humos	Blattstielranker, dessen Rankhilfen nicht zu dick sein dürfen; raschwüchsig, benötigt keinen Schnitt
Clematis-Sorten Clematis	3–6 m	je nach Sorte VI–X	weiß, rosa, rot, blau, violett, auch zweifarbig	sonnig bis halbschattig Boden durchlässig. humos	Blattstielranker; Fuß sollte beschattet sein; reichblühend nur nach sortenspezifischem Schnitt
Euonymus fortunei var. *radicans* Kletterspindel (viele Sorten)	2–3 m	V–VI	grüngelb, unscheinbar	sonnig bis schattig jeder Boden wird toleriert	immergrüner Haftwurzelkletterer; ideal für Mauern in Nordlagen
Fallopia baldschuanica Schlingknöterich	8–15 m	VII–X	weiß, duftend	sonnig bis schattig Boden ausreichend feucht	schnellwüchsige Schlingpflanze für große Flächen
Hedera helix Efeu (viele Sorten); giftig	5–20 m	blüht nur im Alter	grüngelb, unscheinbar	halbschattig bis schattig Boden nährstoffreich, humos	immergrüner Haftwurzelkletterer für Wände, Mauern und Bäume

... über viele Jahre hinweg

Name	Höhe	Blütezeit	Blüte	Standort	Anmerkung
Humulus lupulus Hopfen	5–6 m	VII–VIII	grüne Dolden	sonnig bis halbschattig Boden nährstoffreich, feucht	linkswindende Staude, stark Ausläufer bildend; guter Schattenspender für große Pergolen
Hydrangea anomala ssp. *petiolaris* Kletterhortensie	5–7 m	VI–VII	weiß, duftend	halbschattig bis schattig, windgeschützt; Boden leicht feucht	Haftwurzelkletterer für Mauern, Wände, Bäume, auch an Kletterhilfen; gelbe Herbstfärbung
Lonicera-Arten und -Sorten Geißblatt; giftig	3–5 m	(V)VI–VIII	weiß, gelb, rot, auch zweifarbig, duftend	sonnig bis schattig Boden durchlässig, humos	rechtswindende Schlinger mit giftigem rotem Fruchtschmuck
Lonicera henryi Immergrüne Geißschlinge	3–4 m	VI–VII	gelblichrot, unscheinbar	halbschattig Boden durchlässig, humos	immergrüner starkwüchsiger Schlinger mit schwarzen Früchten
Parthenocissus quinquefolia var. *engelmannii* Fünfblättrige Jungfernrebe	8–12 m	VI–VII	weißlich, unscheinbar	sonnig bis halbschattig Boden durchlässig, leicht feucht	Haftscheibenkletterer mit flammend roter Herbstfärbung; Sichtschutz an Lauben, Spalieren, Zäunen
Parthenocissus tricuspidata Efeuwein	15–20 m	VI–VII	gelbgrün, unscheinbar	sonnig bis halbschattig Boden durchlässig, leicht feucht	Haftscheibenkletterer, der zuverlässig an Mauern, Fassaden haftet; dreiteilige überlappende Blätter mit prächtig roter Herbstfärbung
Rosa Kletter- und Rambler-Rosen (viele Sorten)	2–6 m	(V) VI–X	weiß, gelb, orange, rot, rosa, viele duftend	sonnig bis halbschattig Boden tiefgründig, lehmig-humos	Spreizklimmer, der stabile Kletterhilfen benötigt; einmalblühende Sorten tragen oft Hagebutten
Schisandra chinensis Chinesische Beerentraube	5–7 m	V–VI	gelblich weiß bis blassrosa, duftend	halbschattig, auch sonnig Boden nährstoffreich, durchlässig, leicht feucht, schwach sauer	Schlinger mit leuchtend roten Beeren ab Juli, zu denen ab Oktober eine gelbe Herbstfärbung kommt
Vitis vinifera Weintrauben (viele Sorten)	6–10 m	V–VI	gelbgrün, unscheinbar	sonnig, warm, geschützt Boden tiefgründig, kalkhaltig	Ranker mit essbaren Trauben ab September; gelbe Herbstfärbung
Vitis coignetiae Rostrote Rebe	6–15 m	VI–VII	unscheinbar	sonnig bis halbschattig Boden durchlässig	Ranker mit gelb-orangefarbener bis dunkelroter Herbstfärbung
Wisteria-Arten u. -Hybriden Glyzine, Blauregen; giftig	6–10 m	IV–V	violett, weiß, duftend	sonnig bis halbschattig Boden humos, leicht feucht	Schlinger für Pergola, Laubengang, Laube mit gelber Herbstfärbung

Einjährige Kletterpflanzen...

Name	Höhe	Blütezeit	Blüte	Standort	Anmerkung
Asarina (Maurandya) barclaiana Maurandie	2–3 m	VI–X	4–5 cm lange Röhrenblüten in Rosa, Rot, Violett	sonnig bis halbschattig, windgeschützt	Blattstielranker; Rankgitter mit nicht zu dicken Streben; mehrere Pflanzen bilden mit ihrem efeuartigen Laub einen dichten Sichtschutz
Cardiospermum halicacabum Ballonwein	2–3 m	Früchte ab VII	grünlich, unscheinbar	sonnig, warm, geschützt	Ranker, dessen Kletterhilfen nicht zu dick sein sollten; ideal sind Rankgitter; besticht durch dekorative Früchte
Cobaea scandens Glockenrebe	2–3 m	VIII–X	grün bis violett, duftend; es gibt auch eine weiße Sorte	sonnig, warm	Blattstielranker; Rankgitter mit nicht zu dicken Streben; durch dichtes Laub guter Sicht-, Wind- und Sonnenschutz; schön an Lauben und Pergolen
Cucurbita pepo Zierkürbis (viele Sorten)	3–4 m	VII–IX	gelb; danach dekorative Früchte in vielen Farben und Formen	sonnig, warm, sehr geschützt	Ranker, dessen Kletterhilfen nicht zu dick, jedoch sehr stabil wegen des Fruchtbehangs sein sollten; die großen Blätter bieten Sicht- und Sonnenschutz; wichtig: sehr große Gefäße verwenden
Eccremocarpus scaber Schönranke	2–3 m	VII–X	lange Trauben in Gelb, Orange, Rot, Purpurrosa	sonnig, warm, sehr geschützt	anspruchsvoller Blattranker; Rankgitter mit nicht zu dicken Streben, aber auch Drähte oder Schnüre möglich; Pflanze bietet nur lockeren Sichtschutz
Humulus japonicus Japanischer Hopfen	4–5 m	VIII–IX	weibliche Blüten sind hopfenartig, gelbgrün	sonnig bis halbschattig	Schlinger, dem vertikale Schnüre, Drähte, Stangen genügen; sehr dekoratives, dichtes Laub; ideal an Fassade, Pergola, Laube, Zaun, als Sicht- und Windschutz
Ipomoea (Quamoclit) lobata Sternwinde	3–4 m	VII–IX	bis 40 cm lange Blütenstände in Rot, Orange, Gelb bis Weiß	sonnig, warm	Schlinger, dem vertikale Schnüre genügen; klettert ebensogut auch an Gittern; schnellwüchsiger farbenfroher Blickfang und Sichtschutz
Ipomoea (Pharbitis) purpurea Purpur-Prunkwinde (viele Sorten)	2–3 m	VII–IX	6–7 cm große Trichterblüten in Purpurrot, auch Sorten in Rosa, Violett, Blau, Weiß; bis zu 5 Einzelblüten an einem Stiel	sonnig, warm, windgeschützt	robuster Schlinger, dem vertikale Kletterhilfen genügen; begrünt schnell Pergola, Spalier und Zaun; die herzförmigen Blätter gewähren guten Sichtschutz

... für Begrünung und Sichtschutz in Gefäßen

Name	Höhe	Blütezeit	Blüte	Standort	Anmerkung
Ipomoea tricolor Himmelblaue Prunkwinde	2,5–3 m	VII–IX	bis 10 cm große Trichterblüten in Himmelblau; es gibt auch eine rote Sorte; jeweils 3–4 Blüten an einem Stiel	sonnig, wind- und regengeschützt	robuster Schlinger, dem vertikale Kletterhilfen genügen; begrünt schnell Pergola, Spalier und Zaun; die herzförmigen Blätter gewähren guten Sichtschutz
Lablab purpureus (Dolichos lablab) Faselbohne, Helmbohne	2,5–4 m	VII–IX	violett, auch weiß; danach dekorative dunkelrote bis dunkelviolette Bohnenhülsen	sonnig, warm, geschützt	großblättriger Schlinger, dem vertikale Kletterhilfen genügen; gut als Sichtschutz und Wandbegrünung
Lathyrus odoratus Duftwicke (viele Sorten); giftig	0,5–2 m	VI–IX	weiß, rosa, rot, blau, violett, auch mehrfarbig; duftend; anschließend erbsenartige Schoten	sonnig, windgeschützt	Blattranker, die gern an Maschendraht oder feinen Gittern und Schnüren klettern; als Sichtschutz sind sie zu filigran; dekorativ an Zäunen und Obesliken
Phaseolus coccineus Feuerbohne, Prunkbohne (einige Sorten)	2–4 m	VI–IX	rote Schmetterlingsblüten, die zu mehreren an langen Stielen sitzen; auch weiße und zweifarbige Sorten; danach lange Hülsen	sonnig bis halbschattig	Linkswindender Schlinger für Drähte, Stangen, aber auch Gitter; schnellwüchsiger Sicht- und Windschutz; dichte Begrünung von Wänden
Rhodochiton atrosanguineus Rosenkelch, Rosenkleid	2,5–3 m	VIII–X	violettrote Röhrenblüten unter großen pinkfarbenen Tragblättern	sonnig, warm, geschützt	Blattstielranker, der am besten an Gittern emporklettert; dekorative Pflanze, die aber wenig Sicht- oder Sonnenschutz bietet
Thunbergia alata Schwarzäugige Susanne (einige Sorten)	1,5–2 m	VI–X	orangegelbe Blüten mit dunklem Auge; auch Sorten ohne Auge und mit weißen Blüten	sonnig, warm, windgeschützt	Schlingpflanze für Wände, Spaliere und Pergolen; mehrere Pflanzen bilden mit ihren großen, herzförmigen Blättern einen guten Sichtschutz
Tropaeolum majus Kletternde Kapuzinerkresse (einige Sorten)	2–3 m	VII–X	gelbe, orangefarbene, rote, braunrote Trichterblüten, die essbar sind	sonnig bis halbschattig, windgeschützt	weichlaubige Rankpflanze, die am besten an Zäunen und Gittern mit nicht zu dicken Streben gedeiht; Blätter und Blüten sind essbar, schmecken pfeffrig
Tropaeolum peregrinum Kanarenkresse	3–4 m	VII–X	zitronengelb mit ausgefranstem Rand	sonnig, warm, windgeschützt	Rankpflanze, die ganze Spaliere überziehen kann; ihre gelben Blüten sehen sehr attraktiv zusammen mit rot verfärbtem Wildem Wein aus

Hausbäume für kleine Gärten …

Name	Höhe	Wuchsform	Standort	1. Höhepunkt	2. Höhepunkt
Acer griseum Zimtahorn	6–8 m	trichterförmig, oft mehrstämmig	sonnig bis halbschattig, alle Gartenböden	späte, auffallend rote Herbstfärbung der dreizähligen Blätter	im Winter markant hervortretende zimtbraune, sich abrollende Rinde; wunderschön vor Immergrünen
Acer japonicum ›Aconitifolium‹ Japanischer Feuerahon	3–5 m	breit ausladend	halbschattig; Boden locker, humos, neutral bis leicht sauer	auffallende große, purpurrote Blütentrauben in IV–V	leuchtend rote Herbstfärbung der 5–7-lappigen, fiedrigen Blätter
Acer palmatum Fächerahorn (viele Sorten)	2–6 m	breit ausladend	halbschattig; Boden locker, humos, neutral bis leicht sauer	dekorative, 5–11-lappige Blätter; Färbung ist sortenabhängig	herrlich rote Herbstfärbung
Acer platanoides ›Globosum‹ Kugelahorn	3–5 m	veredelte Kugelkrone	sonnig bis halbschattig, alle Gartenböden	dekorative Kugelkrone, die keinen Schnitt benötigt	gelbe Herbstfärbung
Amelanchier lamarckii Kupfer-Felsenbirne	6–8 m	mehrstämmig, lichte Krone	sonnig bis schattig; alle Gartenböden	weiße Blütentrauben in IV–V	leuchtend gelb-orangerote Herbstfärbung
Catalpa bignonioides ›Nana‹ Kugel-Trompetenbaum	2–4 m	veredelte Kugelkrone	sonnig, geschützt; Boden nährstoffreich, lehmig	dichte Kugelkrone mit großen herzförmigen Blättern	gelbe Herbstfärbung
Cercis siliquastrum Gewöhnlicher Judasbaum	4–6 m	trichterförmiger, dicht verzweigter Großstrauch	sonnig, geschützt, Weinbauklima; sandige Lehmböden, kalkliebend	purpurrosa Blüten in Büscheln, erscheinen in IV, vor den Blättern	ab VIII braune bis zum Winter haftende Hülsen; gelbe Herbstfärbung
Cornus florida Blumenhartriegel (ähnlich, weiß blühend *Cornus kousa* und *Cornus nuttallii)*	4–6 m	breit ausladender lockerer, attraktiver Wuchs	halbschattig, geschützt; Boden locker, humos, kalkfrei, keine Staunässe	je nach Sorte weiße oder rosafarben Scheinblüten von Ende IV–V; Blüte beginnt vor Laubaustrieb	scharlach- bis purpurrote Herbstfärbung
Corylus avellana ›Contorta‹ Korkenzieherhasel	2–4 m	breit ausladender Wuchs mit bizarren Trieben	sonnig bis halbschattig; jeder Gartenboden	Frühblüher mit gelblichen Kätzchen von III–IV vor dem Laubaustrieb	gelbe Herbstfärbung der rundlich herzförmigen Blätter; im Winter dekorativ bizarr verdrehte Triebe
Crataegus crus-galli Hahnendorn	6–8 m	Kleinbaum, dicht verzweigt, breit bis flachkronig	sonnig bis halbschattig; jeder Gartenboden, kalkliebend	weiße Doldenrispen in V–VI; strenger Duft	kleine, rote runde Früchte von VIII–X, gelb-orangerote Herbstfärbung **2. Höhepunkt**

... mit zweifachem saisonalem Auftritt

Name	Höhe	Wuchsform	Standort	1. Höhepunkt	
Laburnum x *watereri* ›Vossii‹ Edelgoldregen; giftig	4–5 m	straff aufrecht, später leicht übergeneigt	sonnig bis halbschattig; alle Gartenböden, kalkliebend	bis 40 cm lange, hängende duftende Blütentrauben von V–VI	ab September lange, grün-graue Hülsen, die bis in den Winter hinein haften
Magnolia x *soulangiana* Tulpen-Magnolie (viele Sorten)	4–6 m	locker, später breit ausladend	sonnig, windgeschützt; Boden humos, kalkfrei	große, duftende, weiß-rosa Blüten von IV–V	elegante, malerische Wuchsform im Winter
Malus Zierapfel (viele Sorten)	4–8 m je nach Sorte	sortenabhängig	sonnig bis halbschattig; Boden locker, humos	reiche Blüten in weiß, rosa, dunkel- oder purpurrot, je nach Sorte	Herbstfärbung goldgelb, orange, purpurrot, braunrot je nach Sorte; kleine Früchte in gelb, orange, rot
Morus alba Weiße Maulbeere	5–8 m	kurzstämmig, Krone später dicht, kugelig	sonnig bis schattig, warm geschützt; Boden locker, humos, lehmig-kalkhaltig	gelbgrüne hängende Kätzchen in V; später brombeerartige, essbare Früchte	gelbe Herbstfärbung
Prunus cerasifera ›Nigra‹ Blutpflaume	4–7 m	ein-, mehrstämmig; verzweigt, breite Krone	sonnig bis schattig; alle humosen Gartenböden	rosa-rote Blüten in IV (nach 5–10 Jahren)	das schwarzrote Laub bringt farbliche Abwechslung ins Gartengrün
Prunus serrulata ›Amanogawa‹ Säulenkirsche (viele andere Sorten in Weiß und Rosa mit variablem Wuchs)	4–7 m	aufrechte Säulenform	sonnig bis halbschattig; humos-lockere Lehmböden, kalkliebend	hellrosa, leicht gefüllte, schwach duftende Blüten in IV–V	orangefarbene Herbstfärbung
Prunus subhirtella Japanische Blütenkirsche (viele Sorten in Rosa)	5–7 m	breitbuschig, überhängend	sonnig; humos-lockere Lehmböden, kalkliebend	in Büscheln rosa und sehr reich blühend, in III–IV	rötlich-gelbe Herbstfärbung
Pyrus salicifolia Weidenblättrige Birne	4–7 m	breitkugelige, dichte Krone mit weit herunterhängenden Ästen	sonnig bis schattig; Boden durchlässig, nährstoffreich	weiße Blüten in kleinen Doldentrauben in IV; ab VIII grüne, winzige, nicht essbare Birnen	das silbergraue, schmale Laub sorgt für farbliche Abwechslung
Rhus typhina Essigbaum; giftig	4–6 m	schirmförmige Krone	sonnig bis halbschattig; alle Gartenböden	bis 20 cm lange, grünliche Blütenrispen von VI–VII	rote kolbenförmige, langhaftende Früchte; Herbstfärbung orange
Sorbus serotina Späte Eberesche	6–8 m	oft mehrstämmig, mit breiter Krone	sonnig bis halbschattig, alle Gartenböden	cremeweiße Trugdolden von V–VI	ab IX korallenrote Früchte und scharlachrote Herbstfärbung

Ziersträucher mit Doppeleffekten ...

Name	Höhe	Standort	1. Höhepunkt	2. Höhepunkt	Gestaltungstipp
Berberis thunbergii ›Atropurpurea‹ Blutberberitze	1,5–2 m	sonnig bis halbschattig; alle Gartenböden	gelbe, duftende Blüten in V; dekoratives braunrotes Laub	langhaftende, längliche rote Früchte; scharlachrote Herbstfärbung	Sorte ›Atropurpurea Nana‹ (50 cm hoch) lässt sich gut zur Kugel formieren
Buddleja alternifolia Schmalblättriger Sommerflieder	2–3 m	sonnig, warm geschützt Boden durchlässig, kalkhaltig	duftende violettrosa Blüten in VI	eleganter Wuchs mit überhängenden stumpfgrünen Trieben	malerischer Solitär
Callicarpa bodinieri ›Profusion‹ Liebesperlenstrauch	2–3 m	sonnig bis halbschattig; geschützt; Boden locker, humos	violette Blüten in Trugdolden von VII–VIII	violette, perlenartige, lang haftende Früchte ab IX–X; gelbe Herbstfärbung	vor immergrünen Gehölzen kommt der Fruchtschmuck am besten zur Wirkung
Caryopteris x clandonensis ›Heavenly Blue‹ Bartblume	bis 1 m	sonnig, heiß, geschützt; sandiger-Lehmboden, kalkverträglich	wertvoller Spätblüher mit intensiv blauen Blüten von VIII–IX; Bienenweide	aromatisch duftendes, graugrünes Laub	ideal an heißen trockenen Plätzen; schön zu Rosen und Kniphofien
Chionanthus virginicus Schneeflockenstrauch	3–4 m	sonnig bis halbschattig; geschützt; Boden humos, nährstoffreich	weiße, duftende, bis 20 cm lange, überhängende Blütenrispen in VI	das erst Ende Mai austreibende Laub färbt sich im Herbst gelb	breit ausladender Solitär, anmutiger Sichtschutz
Cotinus coggygria ›Royal Purple‹ Purpur-Perückenstrauch	2–3 m	sonnig, warm, geschützt; locker humose Lehmböden, kalkliebend	bis 20 cm große grün-rote Rispen von VI–VII, die dann in rötlich fedrige perückenartige Fruchtstände übergehen	das dunkel- bis schwarzrote Laub setzt kräftige Farbakzente	schön als Solitär, aber auch neben grünlaubigen Blütengehölzen
Fothergilla major Federbuschstrauch	1,5–2 m	sonnig bis halbschattig; Boden humos, kalkfrei	4–8 cm lange cremeweiße, nach Honig duftende Blütenähren in V	lang andauernde prachtvolle orange- bis karminrote Herbstfärbung	als breitbuschiger Solitär geeignet oder als Hintergrund von Stauden
Halesia carolina Maiglöckchenstrauch	3–4 m	sonnig, geschützt; Boden humos, kalkfrei	auffallende weiße Glockenblüten in Büscheln in V	ab IX lang haftende geflügelte Früchte; gelbe Herbstfärbung	als Solitär möglichst vor immergrüne Gehölze pflanzen
Hamamelis-Hybriden Zaubernuss (viele Sorten)	2–4 m	sonnig bis halbschattig, Boden locker, humos	zart duftende Blütenquasten in Gelb, Orange, Rot, Braunrot, je nach Sorte von I–III	leuchtende Herbstfärbung von gelb bis rot	anmutiger Solitär; vor dunklen Hintergrund oder weiße Mauer pflanzen
Hibiscus syriacus Garteneibisch (viele Sorten)	1,5–2 m	sonnig, geschützt; locker-humose Lehmböden	große Blüten in Weiß, Rosa, Rot, Blau, Lila von VII–X	gelbe Herbstfärbung	kann auch vor Südwände gesetzt werden, da gut Hitze verträglich

... edle Solitärs und kompakte Kleingehölze

Name	Höhe	Standort	1. Höhepunkt	2. Höhepunkt	Gestaltungstipp
Hydrangea arborescens ›Annabelle‹ Strauchhortensie	1,5–2 m	halbschattig, windgeschützt; Boden humos, leicht feucht	große weiße Blütenbälle von VII–IX	gelbe Herbstfärbung	schön als Solitär, vor Rhododendren, im Hintergrund eines Schattenbeets
Ilex x merservae ›Blue Princess‹, ›Blue Angel‹ Stechpalme; giftig	1,5 m	sonnig bis halbschattig; Boden humos, feucht, kalkfrei	unauffällige weiße Blüten ab V; üppiger roter Fruchtansatz	immergrüne Laubgehölze mit dekorativen dunkel- bis blaugrünen Blättern	Früchte bilden sich durch Befruchtung mit männl. Sorte (z.B. ›Blue Prince‹)
Mahonia aquifolium ›Apollo‹ Mahonie; giftig	1–1,5 m	sonnig bis schattig; Boden sandig-kiesig, kalkverträglich	große gelbe, duftende Blütenrispen von IV–V	ab VIII hell bereifte, blaue Beeren; die Pflanze ist außerdem immergrün	wirkt am besten in Gruppen; geeignet als Unterpflanzung, niedrige Hecke, auch als Sichtschutz
Perovskia abrotanoides ›Blue Spire‹ Perovskie, Blauraute	1–1,5 m	sonnig, warm; Boden sandig-steinig, trocken	blauviolette Blüten an neuen Trieben ab VIII	aromatisch duftendes, graues Laub	guter Partner für Rosen, *Achillea, Coreopsis*
Pieris japonica (viele Sorten) Schattenglöckchen; giftig	2–3 m	halbschattig; Boden humos, sauer	von III–IV große hängende maiglöckchenartige Trauben in Weiß oder Rosa	immergrünes Laub, das im Austrieb wie Blüten gefärbt ist; auch weiß-grüne Sorte	schön in Gruppen, zu Rhododendren oder als Sichtschutz an Terrassen
Prunus laurocerasus Lorbeerkirsche (einige Sorten)	1–3 m	sonnig bis schattig; Boden durchlässig, nährstoffreich	weiße Blütenkerzen von V–VI	immergrünes glänzendes Laub ; ab VII schwarze, giftige Steinfrüchte	idealer Lückenfüller in Gehölzgruppen; Unterpflanzung von Bäumen
Prunus laurocerasus Feuerdorn (viele Sorten)	1–3 m	sonnig bis halbschattig, geschützt, Boden leicht, trocken, kalkhaltig	weiße Blüten von V–VI	auffallende orange, rote und gelbe Früchte ab IX; immergrünes Laub	kann auch unter trockenen Dachvorsprüngen oder Sichtschutzwänden in die Höhe geleitet werden
Rhododendron-Hybriden Rhododendron (viele Sorten)	0,5–5 m	halbschattig, geschützt; Boden locker, humos, sauer	große Blüten in allen Farben außer Blau von V–VI	dichtbuschige, immergrüne Sträucher	von den Sommergrünen Azaleen hingegen haben manche Sorten eine schöne Herbstfärbung
Spiraea x arguta Brautspiere	1,5–2 m	sonnig bis halbschattig; alle Gartenböden	weiße Blütem mit strengem Duft von IV–V	gelbe Herbstfärbung	schön als Solitär, Hecke und am Zaun
Viburnum plicatum ›Mariesii‹ Etagenschneeball	1,5–2 m	sonnig bis halbschattig; alle Gartenböden	weiße Tellerblüten in VI, im Verblühen leicht rosa	dunkelrote bis braunviolette Herbstfärbung	durch seinen breiten Wuchs ideal für Ecken

Weiterführende Literatur

Andrea Bärtels, *Gartengehölze, Bäume und Sträucher für mitteleuropäische und mediterrane Gärten,* Stuttgart 1991, 3. Aufl.

Ursula Barth/Gary Rogers, *Garten-Räume. Stein, Holz, Metall und Keramik kreativ verwenden,* Stuttgart München 2003

Susan Berry, *Gärten in der Stadt, Grüne Idylle zwischen Mauern,* München 1997

Jill Billington, *Gärten auf kleinstem Raum schön gestalten,* München 2002

Jill Billington, *Der neue klassische Garten. Formales Gartendesign der Gegenwart,* München 2002

Caroline Boisset, *Gärten in der Stadt,* Ravensburg 1989

Wolfgang Borchardt, *Gärten anlegen,* Augsburg 1999

Erik Borja, *Japanische Gärten. Gärten gestalten mit Zen,* München 2000

John Brookes, *Die Kunst der Gartengestaltung,* Starnberg 2002

Tessa Evelegh, *Garten-Dekoration. Wohnen im Grünen,* Herford 1997

Christopher Grey-Wilson, Victoria Matthews, *Gärtnern mit Kletterpflanzen,* München 1998

Halina Heitz, *Balkon- und Kübelpflanzen,* München 1991

Bernd Hertle/Peter Kiermeier/Marion Nickig, *Gartenblumen,* München 1993

Heidi Howcroft, *Richtig Pflastern. Ausführungsanleitungen für die Verlegung von Klinker-, Naturstein- und Kieselsteinpflaster,* München 2001, korrigierte 2. Aufl.

Heidi Howcroft, *Das Pflaster im Garten. 150 Beispiele für schönere Wege, Terrassen, Treppen,* München 1998, 2. Aufl.

Heidi Howcroft/Christa Brand/Nik Barlo jr., *Fantasievolles Pflaster und Mosaik,* München 2001

Heidi Howcroft/Gudrun Lehneis, *Neue Ideen für schattige Gärten,* München 2000

Heidi Howcroft, *Bauen mit Holz im Garten,* München 1998

Leo Jelitto/Wilhelm Schacht/Alfred Fessler, *Die Freiland-Schmuckstauden,* Stuttgart 1990, 4. Aufl.

Gisela Keil/Gary Rogers, *Garten-Glück. Große, kleine und winzige Gärten voller Phantasie,* Stuttgart/München 2002

Gisela Keil/Jürgen Becker, *Die Kunst der Beete. Fantasievolle Gartengestaltung mit Duft, Farben und Formen,* Stuttgart/ München 2003

Gisela Keil/Nik Barlo jr./Christa Brand, *Terrassen und Sitzplätze. Refugien für Gartengenießer,* München 2003

Fritz Köhlein, *Kleine Pflanzen für kleine Gärten,* Stuttgart 1989

Beate Leufen, *Topiari. Formkunst leicht gemacht,* Stuttgart 1998

Peter und Ilse Menzel, *Das Kletterpflanzen-Buch,* Stuttgart 1988

Jürgen Milchert, Grachtengärten in Amsterdam, in: *Gartenpraxis,* 11/1998, S. 41–45

Michiko Rico Nosé, *Der moderne japanische Garten. Von der Schönheit der Leere,* Stuttgart München 2002

Peter Robinson, *Traumhafte Wassergärten,* Augsburg 1997

John Scarman, *Gärtnern mit Alten Rosen,* München 2003, 5. Aufl.

Irmtraud Schaarschmidt-Richter, *Gärten der Stille. Einen Garten im japanischen Stil anlegen,* München 2001

Siegfried Stein, *Miniteiche und Wasserspiele,* München 2003

David Stevens, *Das Garten-Ideenbuch. Gartengestaltung, Design, Materialien,* Köln 1996, 2. Aufl.

Roy Strong, *Architektonische Gärten und Gartenteile. Entwerfen und Anlegen,* Stuttgart 1992

Joy Swift, *Das grüne Zimmer. Der Garten als moderner Wohnraum,* Stuttgart 2003

Patrick Taylor, *Die 200 schönsten Strauch-und Kletterrosen,* Stuttgart 1995

Gerda Tornieporth, *Buchs im Garten. Die besten Sorten, Pflege, Formschnitt, Gestaltung,* München 2001

Robin Williams, *Das Handbuch der Gartengestaltung,* München 1997, 2. Aufl.

Winfried zur Hausen, *Holz im Garten,* Stuttgart 2002

Gartenverzeichnis

Der besondere Dank des Fotografen gilt seiner Ehefrau Doris Schlaback-Becker für die kreative Beratung und moralische Unterstützung bei der Arbeit an diesem Buch.
Fotograf, Autorin und Verlag bedanken sich zudem bei folgenden Gartenbesitzern, Gartengestaltern, Einrichtungen und Firmen für die freundliche Mitarbeit und Hilfe:

Die Autorin

Gisela Keil verband nach dem Studium der Geistes- und Literaturwissenschaften ihre familiär geprägte Bindung zum Garten mit dem Schreiben. Die Autorin und Journalistin hat bereits zahlreiche Veröffentlichungen zu den Themen Garten, Pflanzen und Lebensart für führende Gartenzeitschriften und Buchverlage geschrieben. Sie wohnt in Hofheim bei Murnau.

Der Fotograf

Jürgen Becker hat sich nach seinem Studium an der Düsseldorfer Kunstakademie der Architektur-, Interieur- und Reisefotografie verschrieben. Seit den 90er Jahren konzentriert er sich auf Gartenfotografie. Zahlreiche Veröffentlichungen in renommierten internationalen Zeitschriften, Buch- und Kalender-Verlagen. Er wohnt in Hilden.

Bibliografische Information Der Deutschen Bibliothek
Die Deutsche Bibliothek verzeichnet diese Publikation in der Deutschen Nationalbibliografie; detaillierte bibliografische Daten sind im Internet über
<http://dnb.ddb.de> abrufbar.

Umschlagentwurf:
Heinz Max Joseph Kraxenberger, München
Gestaltung: Monika Pitterle
Zeichnungen: Reinhild Hofmann, München
Lithographie, Druck und Bindung:
Fotolito Longo, Bozen
Printed in Italy

ISBN-10: 3-421-03574-1
ISBN-13: 978-3-421-03574-5